『貞観政要』に学ぶリーダー哲学

竹内良雄
川﨑　享

東洋経済新報社

はじめに

『貞観政要』について

竹内良雄

唐の第二代皇帝の太宗は、その治世の年号を貞観《じょうがん》とした。太宗の下で理想の政治が行われたと伝えられ、後世から「貞観の治」と呼ばれている。このことを高校時代の世界史で学んだ方は多いのではなかろうか。

太宗没後の約50年後、呉競という人物が貞観時代の太宗とその臣下とのやり取りを書き記し、政治の要諦を示した。それが『貞観政要』である。

日本には早くから伝わり、徳川家康が愛読し、版本も刊行している。また、歴代の天皇が進講を受け、明治天皇も愛読したと伝えられている。そして『貞観政要』といえば、すぐに思い出されるのは、「創業と守成と、どちらが困難か」（草創と守文と孰れか難き）という命題である。

貞観10（636）年、太宗が左右の者に訊ねた。

「帝王の事業で、創業と守成と、どちらが困難であろうか」

宰相の房玄齢が答えた。

「天下が乱れ、群雄が先を争って挙兵しました。彼らを攻撃して破り、戦いに勝って平定しました。このことから考えれば、創業が困難かと思います」

重臣の魏徴が答えた。

「新たに帝王となるのは、前王朝が衰え、混乱し、その愚かな前帝を殺害したことから、人民からは喜ばれ、世の中が彼の命令に服すようになります。天が授け、人民が与えたものですから難しいものではありません。しかし、帝王となってしまうと気ままに行動してしまいます。人民は安定した生活を望んでいるのに、労役がやむことなく、非常に疲れているのに帝王の贅沢な工事に駆り出されます。国が衰え、崩壊するのは常にこのような原因からです。さすれば、守成が困難かと思います」

太宗が言った。

「玄齢は、昔、私に従って天下を平定し、艱難辛苦を舐めつくして九死に一生を得た。創業の困難さを見てきたからだ。魏徴は私とともに天下を安定させているが、私に驕り高ぶる兆候が見えたら、危険な状態になることを心配している。だから守成の困難さを見てきている。今、創業の困難さはすでに過ぎ去った。守成の困難さは、これから君たちと共に克服していこうと思う」

貞観後期(645年頃)の唐

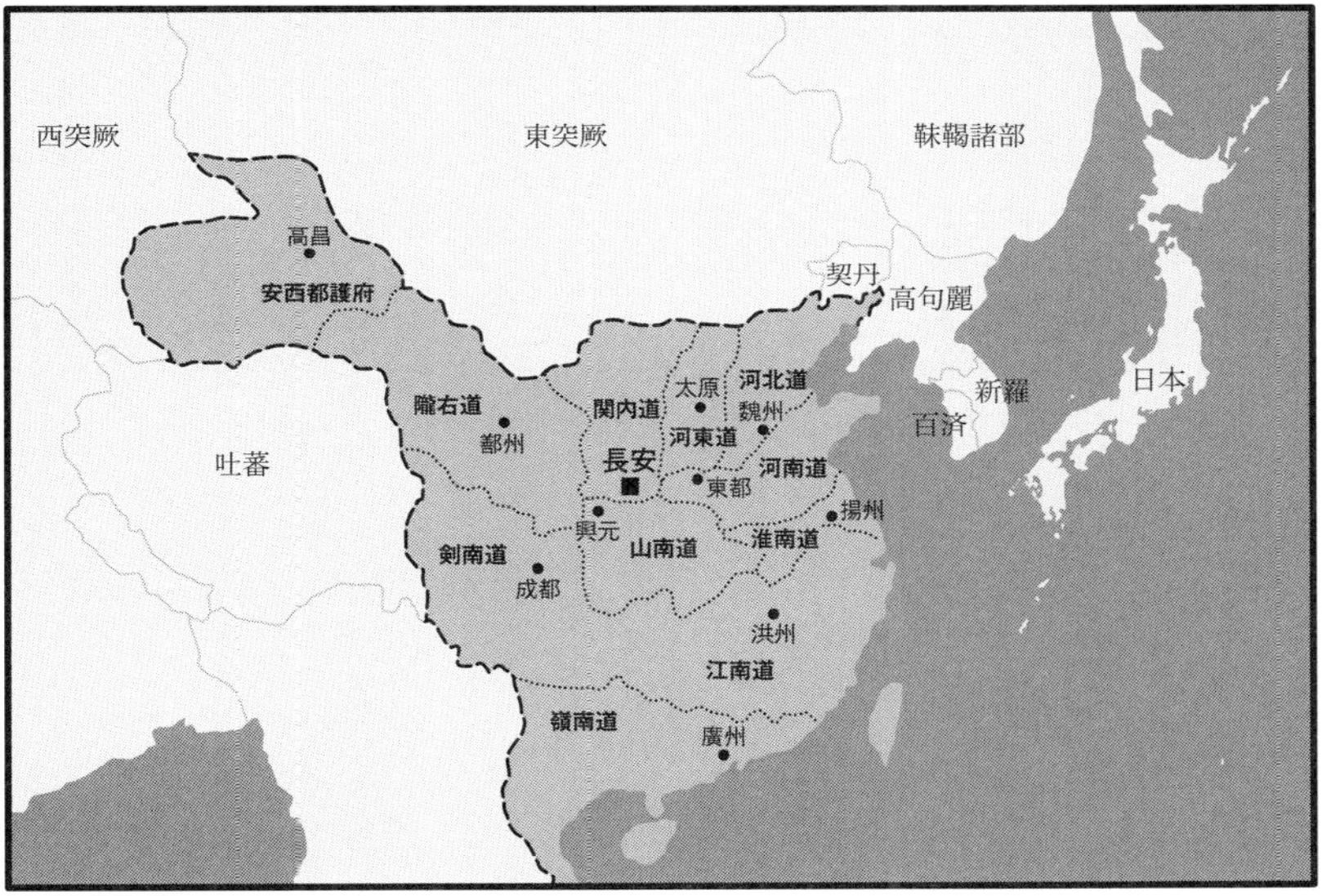

太宗が創業と守成を問題にするのは、太宗の生涯を見ていくと納得がいくかもしれない。

太宗李世民の父は李淵（のちの高祖）で隋王朝の官吏、母は北周の皇族だった竇氏で、次子として598年（隋の文帝の開皇17年）に生まれた。兄は李建成、弟は李元吉である。

隋末、政治が乱れ群雄が割拠すると、李淵も太原で挙兵した。この時、挙兵を強く推したのが李世民だった。長安（大興城）を陥れ、そして長安の留守役をしていた代王楊侑を擁立して隋の恭帝とした。

618年、李淵は煬帝が近衛兵によって殺されたことを知り、恭帝から禅譲を受けて唐王朝を創建し、自ら皇帝となった。即位後、長子の建成を太子に立て、世民を秦王に、元吉を斉王にした。

唐王朝は建てたものの、まだ各地に群雄が割拠していて、誰が頭角を現すか不確かな情勢だった。これら群雄を平定する戦いに多大な戦果をあげたのが世民だった。のちに世民の配下となる魏徴、あるいは群雄のひとりである李密は、世民と会うと、「真の英主である」と感嘆している。世民にはいわばオーラがあったのであろう。

世民の功績に危惧を抱いたのは、太子の建成である。自分の地位が取って代わられる恐れがあった。全国がほぼ平定すると、世民の追い落としを弟の元吉と謀った。房玄齢、杜如晦、長孫無忌らは世民に決起を促し、世民はやむなく玄武門で二人を殺害した。父の高祖李淵はこの結果に驚き、結局、位を世民に譲り、自分は引退して静かな生活を送ることになった。

西暦	年号	事項
598	開皇 18	隋の貴族・唐国公李淵の第二子として生まれる。
612	大業 8	煬帝、第一次高句麗遠征。
613	大業 9	煬帝、第二次高句麗遠征。李世民、長孫無忌の妹と結婚する。
614	大業 10	煬帝、第三次高句麗遠征。各地の反乱が激しくなる。
615	大業 11	煬帝、突厥に包囲される。李世民、募兵に応じて従軍する。
616	大業 12	父の李淵、太原留守（りゅうしゅ）に任じられる。
617	大業 13	父の李淵を促して太原で挙兵。長安を陥れる。 長安留守役である煬帝の孫・代王楊侑を擁立して恭帝とする。
618	武徳 1	煬帝、江都で殺害される。李淵、即位して唐王朝を建国。 李淵、長子の建成を太子に、次子の世民を秦王に、三子の元吉を斉王に封ずる。 薛仁杲を滅ぼす。李密、斬られる。
619	武徳 2	長男の承乾が生まれる。
620	武徳 3	劉武周を滅ぼす。
621	武徳 4	王世充・竇建徳を滅ぼし、「天策上将」の称号が与えらる。
626	武徳 9	玄武門の変。太子建成と斉王元吉を殺害。李淵から譲位されて即位。
627	貞観 1	元号を貞観と改元。
630	貞観 4	杜如晦没。東突厥を滅ぼし、鉄勒諸族より天可汗に推戴される。
635	貞観 9	高祖李淵崩御。
636	貞観 10	長孫皇后崩御。
637	貞観 11	貞観律令を発布。
638	貞観 12	虞世南没。秦叔宝没。
639	貞観 13	王珪没。
640	貞観 14	高昌国を滅ぼす。
643	貞観 17	魏徴没。太子の承乾を廃し、晋王治（後の高宗）を太子に立てる。
644	貞観 18	高句麗に出兵。
645	貞観 19	玄奘三蔵、帰国。高句麗に親征。失敗して帰国。
646	貞観 20	太宗、健康を害する。
647	貞観 21	第二次高句麗遠征。高士廉没。
648	貞観 22	馬周、蕭瑀、房玄齢没。
649	貞観 23	李靖没。太宗崩御。太子治、即位。

これが世に言う「玄武門の変」である。

こうして太宗李世民は即位したが、やはりそこには兄弟を殺し、父を引退に追いやったという引け目が残った。中国の正史は、前王朝の歴史を次の王朝が原則的に書く。自分の王朝が正当性を持っているということを証明するためでもある。そのために、前王朝の最後の皇帝は、悪逆非道か無能である故に革命が必要だったことを書かなければならない。隋の煬帝もその典型例である。煬帝は、淫乱にふけり、人民を酷使して運河を造り、高麗討伐を進め国を大混乱に陥れた。造った大運河は中国の南北交通の大いなる財産となったことは疑いないが、当時の歴史書は、煬帝を批判するだけだ。

話を元に戻せば、もし唐王朝が太宗李世民で終わったとしたら、どうであろうか。次の王朝が書く正史で、恐らく「兄弟を暗殺し、父を追いつめて退位させた悪逆非道な皇帝」と書かれることは間違いない。

つまり太宗李世民に課せられた宿題は、理想的な政治を行い、唐王朝を長く継続することだ。そこに「帝王の事業で、創業と守成と、どちらが困難であろうか」という命題が浮かんでくる。創業が大変だったことは既に分かっている。しかし創業は既に終わった。これからは守成に入るが、創業以上に大変なことであるに違いない。しかしその思いを全員で共有し、困難を克服し、やり遂げようと考えた。それが太宗の答えだった。

では、どうすれば理想的な政治が行えるのであろうか。

時代は絶対君主制の下である。君主の意向で全てが決定されるといっても過言ではない。そこに君主という存在の恐ろしさがある。間違った判断や、ちょっとした油断で、国が亡びる可能性が生まれる。国というレベルだけではなく、大なり小なり、どのような組織においてもそのリーダーは同じ問題に直面する。

この『貞観政要』で、太宗が問題にしていることをいくつかにまとめることができる。まず一つは、臣下に自由に意見を述べさせたことが挙げられよう。

貞観6（632）年、太宗は近臣に語った。

「昔の人が言った。『国家が危殆に瀕している時に救おうとしないなら、そんな臣下はいらない』と。つまり正しい君臣関係は、臣下が忠誠を尽くして、君主の過ちを正し、救うことだ。私はかつて書物を読み、夏の桀王が諫言した関龍逢を殺し、漢の景帝が忠臣の鼂錯を殺したのを見て、悲しみで読みかけの書を止め、ため息をついたことがある。このようなことがないように、君たちは正しい考えを遠慮なく諫言し、政治教育に役立つようにせよ。考えが異なるからといって私がいやな顔をしても構わず諫めよ。みだりに罪を責め、処罰することはしない」

独断専行を恐れ、太宗は臣下の諫言を受け入れる姿勢を示した。絶対君主としては、最大の難問を解決する唯一の方法かも知れない。彼がそれまでの歴史を真摯に勉強し、見つけた答えがこれだった。現代でも、この答えはトップに立った人間に通じるものであろう。

次に、既に指摘したように太宗は歴史をよく勉強した。後の人から笑われないような帝王になることを胆に銘じていた太宗は、早くから歴代の皇帝の成功や失敗を勉強した。武徳4（621）年、父の李淵が設けた修文館を、太宗は即位後、文学館に改め、二十万巻の本を集め、名士を招集し、彼らを「弘文館学士」と称した。招集された18名の中には、杜如晦、房玄齢、孔穎達、虞世南らがいた。太宗は文学館で、歴史や文や礼や典則などについて、時には彼らと夜遅くまで語り合ったという。

貞観2（628）年、太宗が房玄齢に語った。

「人として、勉強に励まねばならない。かつて私は、群雄が割拠して趨勢が未だ定まらないため、戦いに東奔西走し、書を読む時間がなかった。最近になり、天下が安定して、身を宮殿に置き、自分から書を手に取ることができない。人に読ませてそれを聞くことになった。君臣関係のあり方、父子関係のあり方、政治教育の方法など全て書物の中にある。昔の人が言っている。『勉強しなければ、壁の前に立っているようなもので、何も見えない。いざという時に心が乱れてしまう』これは虚言ではない。書物から、若い時の行動を振り返ってみると、はっきりと間違いに気づいた」

李世民

皇帝の言葉とは思えないくらい、率直で謙虚だ。これこそ太宗の真骨頂であろう。成功した皇帝、失敗した皇帝、いずれも己自身を見つめ直す鏡となる。また、時代を開いていく材料、あるいはヒントを与えてくれる。その点、中国には豊富な例があった。中国の皇帝の語る言葉は史官によって記録され、記録の文化が根付いている。のちの皇帝にとって資料は事欠かない。それをうまく利用できるかどうかによって、その皇帝の優劣が定まるのであろう。

最近、日本を含めた世界で、トップに立つ人の歴史に対する認識などに傲慢さが垣間見られるのは、私の偏見であろうか。歴史をおろそかにする者はいずれ歴史の厳しい判断を受けるであろう。

次に指摘できるのは、太宗の人財（以下、本書では優れた「人材」のことを「人財」と表記）に対する態度である。

貞観6（632）年、太宗は九成宮に出かけ、近臣と酒宴を開いた。重臣の長孫無忌が言った。

「王珪や魏徴はもともと太子の建成に仕えていて、私は仇敵のように見ておりました。でも、思ってもみませんでした。今や宴会に同席するとは」

太宗が答えた。

「魏徴はいかにも私の敵だった。ただ仕える者に対しては誠心誠意尽くしていた。なんとも立派ではないか。私は彼を抜擢して重用しているが、昔の厳格な人の批判を受けても恥じるところはない。魏徴は、常日頃厳しく私に諫言し、不正を許さない。私が魏徴を重用する所以だ」

長孫無忌が言うように、王珪も魏徴もかつては敵対する側にいた。彼らだけではない。名将として名高い李靖も隋の臣下であった。杜如晦も最初、隋に仕えていた。彼らは太宗に仕えるや、大いなる功績をあげた。

敵対する人物でも、太宗はこれぞと思った者をつぎつぎと自分の配下に加えている。戦乱

隋唐系図

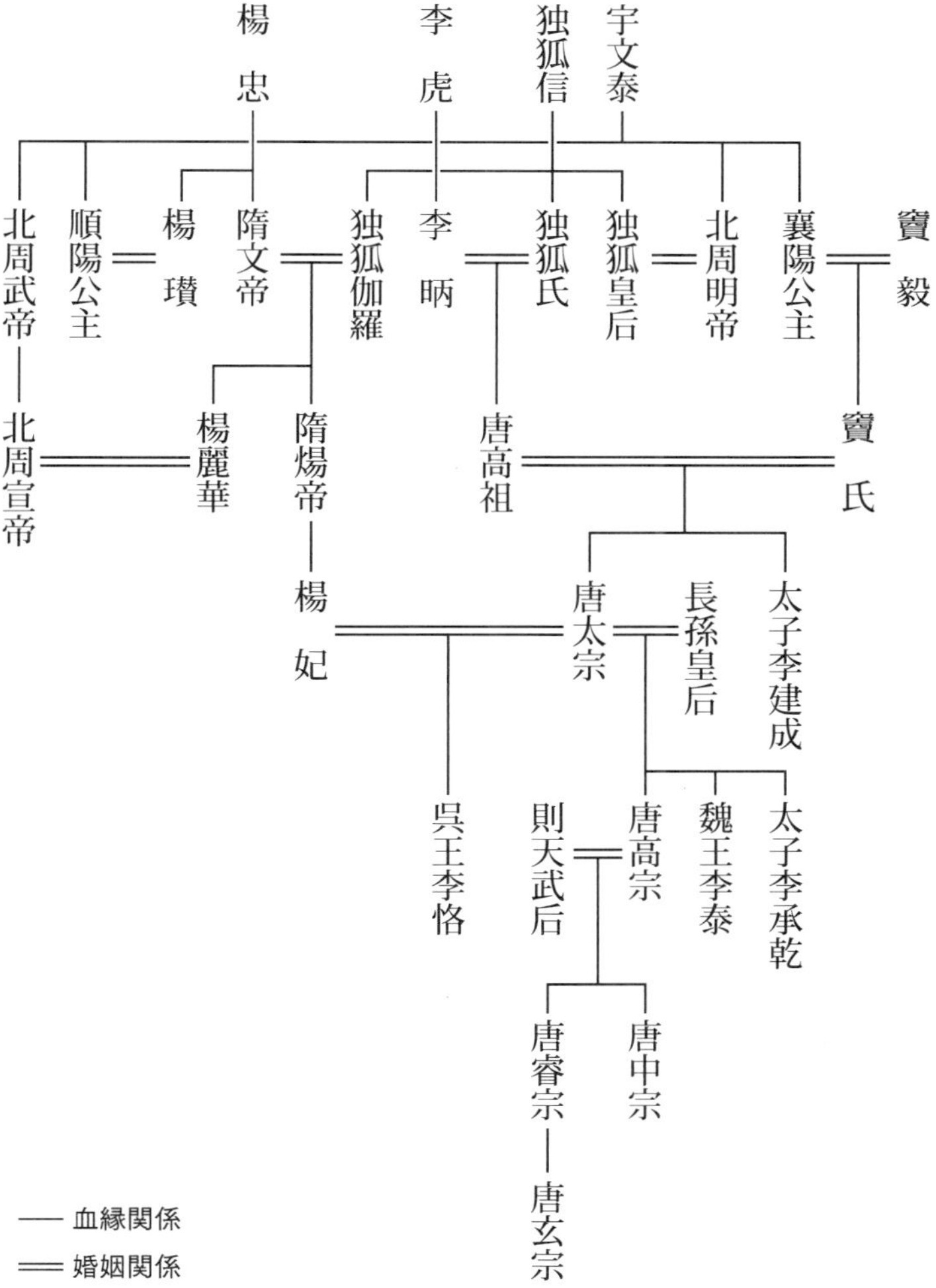
楊忠
李虎
独孤信
宇文泰
北周武帝
順陽公主
楊瓚
隋文帝
独孤伽羅
李昞
独孤氏
独孤皇后
北周明帝
襄陽公主
竇毅
北周宣帝
楊麗華
隋煬帝
唐高祖
竇氏
楊妃
唐太宗
長孫皇后
太子李建成
呉王李恪
則天武后
唐高宗
魏王李泰
太子李承乾
唐睿宗
唐中宗
唐玄宗
血縁関係
婚姻関係

の世がそうさせるのかもしれないが、太宗は敵対した人物もあまり気にしない。その人物が自分の側についたら、必ずや粉骨砕身仕えるであろうと見抜いた。配下に人材が集まってくる所以である。また一方で、太宗は重臣を大切にした。病気になった彼らに医者や薬を送るなどして心配りをし、また自分より先に亡くなった者に心から哀悼し、子孫の繁栄を後押しした。太宗の時代が「貞観の治」と言われるのもむべなるかなである。

太宗は貞観23（649）年に亡くなった。『貞観政要』でもしばしば語られているが、皇帝の後継者を誰にするかという問題は、絶対君主制の下ではより大きな問題である。あれほど賢明な太宗も、この問題では失敗したと言えるだろう。

太宗の後を継いだ高宗は、やがて先の皇后を廃して、昭儀の武照を皇后（則天武后）とする。その後、高宗が亡くなり、則天武后との間の息子が中宗として立てられるが、即位後すぐに廃された。その次の息子である睿宗が立ったが、やがて退位させられて、則天武后が天下を掌握する。唐王朝を改め、周王朝を建て女帝として即位した。太宗が考えもしなかったことが出来したと言ってもいいだろう。太宗もここまで責任を持てないが、三代目に高宗を選んだのがこの問題を生んだと言えるかもしれない。

さて、太宗の時代にはこんなエピソードもあった。それは貞観3（629）年、『西遊記』のもとになる、玄奘三蔵が国禁を犯して出国し、取経の旅に出ていることだ。出国から16年を経た貞観19（645）年、苦難の末、657部の経典を持ち帰ることができた。玄奘が帰国した時、太宗は玄奘の業績を高く評価し、密出国の件について玄奘の罪を問わなかった。玄奘は太宗の勅命により、『大唐西域記』を書いて、当時の西域の事情を報告すると共に、多くの仏典を翻訳した。太宗は儒教を重んじたが、仏教に対しても柔軟な姿勢を貫いたと言ってもいいだろう。

また、日本との関係では、第一回目の「遣唐使」が太宗の貞観5（631）年に訪れている。我々日本人とも関係のあった皇帝だったことが分かろう。

『貞観政要』に学ぶリーダー哲学◉目次

3 人財を徹底して活かす知恵

4 引き際の美学を求めて

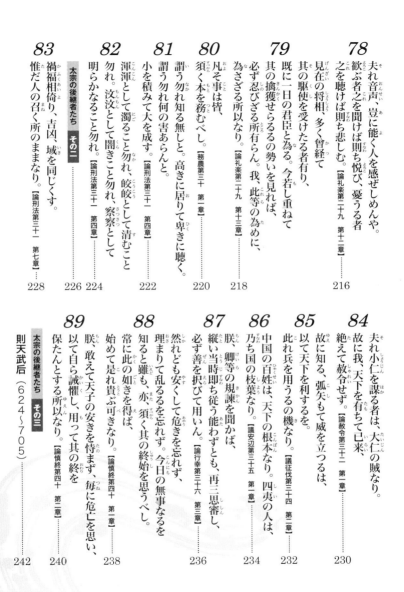

1 リーダーとしての度量

トップが守るべき基本方針

01

君《きみ》たるの道は、必ず須《すべから》く先《ま》ず百姓《ひゃくせい》を存《そん》すべし。

【君道第一　第一章】

組織のトップたる者の基本方針は、何があっても必ず組織に属するメンバーたちやパートナー、顧客など全ての利害関係者《ステークホルダー》を第一に考えることにある。

中国史上のみならず人類史上における最高の名君、即ち最も優れたトップリーダーの一人である唐の太宗は、父である高祖李淵より譲位を受けて、武徳９（６２６）年８月に27歳で大唐帝国の第二代皇帝として即位します。以来、貞観23年５月26日、即ち６４９年７月10日に51歳で崩御するまで、**「組織は人なり」**と自らを律して、人の意見に謙虚に一貫して耳を貸し続けました。

太宗は強大な国土を統治する皇帝でしたので、国家組織に従事する重臣や官僚たちのみならず、そこに暮らす人々全てが利害関係者《ステークホルダー》でした。

〝百姓《ひゃくせい》〟とは、現代中国語でも「老百姓」と使うように、一般庶民のことを指します。夏、殷、

漢文　為君之道、必須先存百姓。

周といった古代の中国では、エリート支配層しか〝姓〟を持っていませんでしたので、つまり〝百姓〟とは、元来その支配層の人々、貴族だけを指していました。

しかしながら、春秋戦国時代に経済的な発展によって大きな社会変動が起き、一般の人々も〝姓〟を持つようになり、〝百姓〟は天下の万民を意味するようになった訳です。

唐の統治制度を模倣した平安時代の日本でも、〝百姓〟は同じく天皇が慈しむ万民全てを指しましたが、中世の頃から日本は農本主義となったことから、次第に農業従事者だけを表す言葉となります。

太宗は即位した翌年正月に貞観と改元します。その貞観元（627）年に、居並ぶ重臣たちを前にして、本項のフレーズを述べました。「存《そん》すべし」とは、全ての人々を分け隔てなく哀れみ、慈しみ、恩恵を施さなくてはならないという意味です。続けて太宗は、

——重税を課して人民を苦しめて、皇帝である自分が贅沢な生活をする費用に充てることは、自分の足の肉を割いて食べるのと同じで、満腹になった頃には自分が死んでしまう。

と現代の感覚では、やや強烈な表現で説明をしています。

——天下を安泰にしようとするならば、まずは何よりもトップたる皇帝自身が自分の行いを正しくしなくてはならない。

という太宗の方針は、現代の如何なる組織のリーダーたる者にとっても、誰一人として例外なく当てはまる真理であり続けています。

常に自分を省みて改善できるか

02

其《そ》の身《み》を傷《やぶ》るは外物《がいぶつ》に在《あ》らず。皆、嗜欲《しよく》に由《よ》りて、以《もっ》てその禍《わざわい》を成《な》す。

【君道第一　第一章】

組織のリーダーの失敗は、外的な要因のせいではない。全て自らの内なる欲望のせいで破滅の禍いを招くものである。

貞観元（627）年に太宗は重臣たちに次のように語りかけます。

――身体をまっすぐにして立っていれば、影が曲がったりはしない。同じように人の上に立つトップが立派であれば、治められる人々がいい加減であったことはない。

そして続けて本項のフレーズを述べました。

人間誰しも不幸や不運の原因を他人や外部の環境に求めがちですが、実のところ、自分自身のみの利益を追求するような欲望や野心のせいである場合が多いということです。

確かに、個人の快楽や名誉、財産などに対しての執着なしに、人間が積極的な行動が取れないのは、生物学的にも仕方のない側面があるかも知れません。

漢文　傷其身者、不在外物。皆由嗜欲、以成其禍。

しかしながら、きっかけや初めはそうであっても、ある程度の段階に達した時に、「果たして動機は善であったか」と振り返り、自分自身の生き方や方針を切り替えたり、修正や改善して、もう一段階ステップアップしたりする必要が、トップリーダーたる者にはあるのです。

世の中は、自分自身を巧みにコントロールできる者こそ人生の成功を収めることができ、多くの人々に幸せをもたらし、人類社会に貢献する者こそ、真の幸福を味わうことができるような仕組みになっているようです。

これに早く気付けば、使命感に燃える人間は生きることが楽になる、つまり余計なエネルギーや気を遣ったりしないで、容易に楽しく人生を歩むことができるようになります。しかしながら、ブッダのように35歳で達観することや、キリストが30歳から伝道を始めたように、若いうちから使命などに気付くことはなかなかありません。

偉大な宗教指導者や哲学者でなくとも、人間誰しも自分の人生のある時点において、その使命に覚醒することが必要です。それは自らの欲望を抑え、自らを律することによって実現します。

常に他人や外部環境のせいにせず、自分自身を省みて改善し続けることが最も重要であるという太宗の真摯な姿勢に対して、現代に生きる人々の誰も疑いを挟む余地はないでしょう。

03

多くの意見に耳を傾ける

君《きみ》の明らかなる所以《ゆえん》は、兼聴《けんちょう》すればなり。其《そ》の暗き所以は、偏信《へんしん》すればなり。

【君道第一　第二章】

リーダーが聡明である理由は、多くの人の意見を聞いて最も良い案を採用するからである。リーダーが暗愚である理由は、一方の人の意見だけを信じるからである。

貞観2（628）年に太宗が最も信頼する重臣である魏徴に、「優れたリーダー」と「愚かなリーダー」の違いについて尋ねます。

——**優れたリーダーは兼聴であり、愚かなリーダーは偏信です。**

と魏徴が答えました。中国歴代の皇帝の事績を調べた上で、その結論に至ったそうです。

「兼聴」とは、『荀子』君道篇にある**「兼聴斉明なれば、則ち天下これに帰せん」**が出典で、多くの人の率直な意見に耳を傾ければ、天下を手にすることができるという意味です。

一方で「偏信」とは、一人の言うこと、一方の言い分だけを取り上げて、一つの情報源だけを頼りに判断してしまうことです。

漢文　君之所以明者、兼聴也。其所以暗者、偏信也。

リーダーは組織において、序列や年次にとらわれずに自由な意見を述べさせる機会と場を与えて議論させ、その中で最も相応しいと思える意見を私心にとらわれずに判断すれば、マネジメントに誤りが少ないということです。

また、気心の知れている者、可愛がっている者、特に目をかけて期待している者、さらには親族からの意見や提案を妄信すれば、組織のリーダーは力を失うという訳です。

古代中国の聖天子とされる堯舜《ぎょうしゅん》の時代では、宮殿の東西南北の門を開放して、賢者の来訪をいつでも待ち、その身分や職業が何であれ、様々な人の意見を聞いたので、世の中をよく治めることができたと伝えられています。

本当にどのくらい優れた政治がどのくらいの規模の組織や範囲で行われていたのかは不確かですが、孔子が盛んに古代を理想としたことから、中国では長らく堯舜の時代が優れた政治モデルとされていました。

恐らく紀元前の古代中国は、春秋戦国時代と呼ばれる弱肉強食の時代であり、強いリーダーは他人の意見などに耳を貸さない者がほとんどだったのでしょう。賢人を恭《うやうや》しく迎え入れるリーダーについて、歴史書の大部分が割かれて絶賛されているのは、まさに稀なる珍事であったからかも知れません。

優れたリーダーを、独断専行型で絶対的な自信を持っている人物であるかのように誤解をしている人が多くいます。他人の意見や忠告に耳を貸さずに自分の主張を徹《とお》すことが、強い意志と勘違いしている場合もあります。

真の優れたリーダー、即ちトップリーダーは、自分自身の主義主張や志は心の奥底に秘め、他人の意見に静かに耳を傾け、**「組織の明日のために何が最善の道であるか」**を常に問うことができる人です。

——組織のリーダーが多くの人々からの提言を聞き、それを採用すれば、組織の幹部であってもトップの耳目をふさぐことができず、トップは組織全体をマネジメントすることができるものです。

という魏徴の言葉を聞いた太宗は、非常に喜んで褒めたそうです。

正しい情報をもとにして正しい判断を行うことができるリーダーならば、人を見極めることもできるため、大言壮語や優れた理想や理論を普段から吐きながら、肝心な時に全く使えない言行不一致の人間に騙されたりはしないという訳です。

太宗に仕えた名臣たち　その一

魏徴《ぎちょう》（580～643）

初め隋に仕えたが、やがて李世民（太宗）に生け捕られ、世民の兄の李建成に仕えた。「玄武門の変」の後、世民は魏徴を厳しく詰問したが、一向に恐れいる様子もなく、魏徴は堂々と述べた。

「主人の李建成が私の進言に従っていれば、建成でなくあなたが殺されていた」

世民はその人柄に惚れ、重用することにした。世民が皇帝に即位してから魏徴は諫議大夫として、太宗に何百回もの諫言をした。魏徴は自らを忠臣でなく、良臣を自認していた。

魏徴が64歳で亡くなると、太宗は次のように言って、その死を悼んだ。

「銅をもって鏡とすれば、衣冠の乱れを正すことができる。古《いにしえ》をもって鏡とすれば、国家の興亡を知ることができる。人をもって鏡とすれば、己の行為の正不正を見分けられる。魏徴が亡くなり、わしは鏡をひとつ失った」

太宗は、魏徴の墓に自ら碑文を書いた。その後、太宗が高句麗を攻め、多大なる損害を蒙った。この時に太宗は嘆息して言った。

「もし魏徴が生きていたら、間違っていると諫言しただろう」

魏徴は文や詩に優れた才能を発揮し、『唐詩選』の冒頭にも採用されている「述懐」という詩は、「中原に還《ま》た鹿を逐《お》い、筆を投じて戎軒《じゅうけん》を事とす。縦横の計は就《な》らざれども、慷慨の志は猶お存せり」で始まり、次の最後の二句は、世に広く知られている。

「人生意気に感ず、功名誰か復《ま》た論ぜんや（期待をされて気心が通じたのだから、もはや功名などは論外だ）」

魏徴の侠気が窺える。

常に「攻め」の姿勢を持て

04

今、草創《そうそう》の難《かた》きは、既《すで》に以《すで》に往《ゆ》けり。守文《しゅぶん》の難きは、当《まさ》に公等《こうら》と之《これ》を慎《つつし》まんことを思うべし。

【君道第一　第三章】

創業の困難はもはや過ぎ去った。組織を守り抜く困難は、皆と共に一体となって、驕ることなく努力して克服していきたい。

「創業と守成はどちらが難しいか」と太宗が重臣たちに下問した際、「創業の方が困難だと思います」と房玄齢が答え、次に「守成の方が困難です」と魏徴が答えます。

その双方の意見を聞いた上で、太宗がおもむろに本項のフレーズを述べました。

「創業は易く守成は難し」という名言は、一般的には、「新たに事業を興すことよりも、その事業を維持し発展させる方がさらに難しい」という意味に解釈され、現代の多くの経営者にも親しまれています。しかし、本当に「守成」は「創業」より難しいのでしょうか。

創業の艱苦を共に舐めた房玄齢の「創業の時の方が平和の治世より大変だった」とする発言を太宗は十分に認めながらも、魏徴の意見を受けて、

漢文 今、草創之難、既以往矣。守文之難者、当思与公等慎之。

――天下の定まった現在、日々の統治の難しさに対処していこう。

として、太宗は「過去は過去、現在は現在」と明確に一線を画して、今後の難局に対しては常に緊張感を持って皆で努めようと結論付けています。決して「創業」は「守成」より簡単であると否定している訳ではありません。

「創業」という言葉の持つ積極的なイメージに対し、「守成」にはどうしても保守的な響きがつきまといます。企業も人間も「守り」に入ってはダメなものです。人間は「守り」に入れば、私心だけが膨れてしまいます。優れた他人や後輩を認め、評価する度量も小さくなり、やがては気宇壮大であった心も狭くなり、若き日に抱いた夢も共に萎んでいくものです。

常に「攻め」の姿勢がなくては、新たなことに挑戦する気合いも緊張感も失せ、そんな人間には成長を望むことはできません。

この「攻め」という言葉は、経済用語的には「革新」「イノベーション」と言い換えれば分かりやすいでしょう。本質的な意味で企業経営や技術、価値における「創造と革新」の重要性を提唱したのは、ヨーゼフ・シュンペーターとピーター・ドラッカーですが、ドラッカー自身もこの「創造」という言葉に「創業」「起業」という意味を含めて、そのスピリット（「志」や「使命」）の重要性を幾度となく指摘しています。

――明確かつ焦点のハッキリした共通の使命だけが、組織を一体とし、成果をあげさせる。

焦点の定まった明確な使命がなければ、組織は直ちに組織としての信頼性を失う。

というドラッカーの言葉に、組織における「使命」の必要性が集約されています。

確かに「守成」は難しいことですが、よく噛み砕いて理解しておきたいポイントは、企業の社会における位置付けや社内における自分の地位を含め、私心にかられて「守りに入る」のではなく、「志」を高く持って「気概」に満ち溢れて「守り成る」べきことです。「成る」とは、「成り遂げる」「成り上がる」こと、現在置かれている場所やレベルよりワンランクアップすること、質や内容を上げることです。つまり企業人にとって「守成」とは「同じブランドを守るべく、新たに創業してワンランクアップせよ」という意味ではないでしょうか。

創業者から事業継承をした二世や三世経営者、優れた企業経営者の後任に選ばれた経営者は、代替わりをしたら、その会社で「新たに創業」をしなくてはいけません。外見は同じ名前の会社、ブランドを擁していても、中身はゼロから変えていく、改めてつくり直すことができるか否かが、その企業の発展と成功、全ての命運を左右します。これは創業以上の苦労が伴うでしょう。

変えていくということは、先人の功績を否定し、破壊することに見えるかも知れません。しかし、古いビルをリニューアルする際、修築や増築では限界があり、やはり一度は更地に戻す英断が必要で、同じ地に新しく建築することによってこそ、新しい空間に生まれ変わらせることができます。先人は先人のやり方で、その後を継いだ者は自身のやり方でするべきで、先人はそれを見守る心と姿勢も大切なはずです。

太宗に仕えた名臣たち　その二

房《ぼう》玄《げん》齢《れい》（579~648）

十八歳の時、進士に挙げられたが、隋末の大乱に当時秦王だった李世民に身を投じた。謀に優れ、数多くの計略を進言した。「玄武門の変」では、杜如晦、長孫無忌らと主導的な役割を演じ、李世民の皇帝即位につなげた。朝議で房玄齢は謀を進言する時、必ずこう言った。

「如晦の考えを聞いてからでなければ決定は下せません」

しかし杜如晦が出席すると、結局は房玄齢の考えが実行に移された。房玄齢は企画力に優れ、杜如晦は決断力に優れていたのである。

房玄齢の病が重くなった時、太宗は名医を派遣して治療にあたらせた。当時、太宗が高句麗討伐を進めていたため、玄齢は止めるように上書して、諫めた。太宗は、臨終が近い時でも国を憂えるその姿に感動し、臨終の際には自ら玄齢の手を握ったという。

玄齢は歴史にも通じ、正史『晋書』の編纂に携わった。『晋書』は、『捜神記』といったオカルト的な要素も含んだ小説などからも文献引用していて、非合理的で不可思議なことが書かれている唯一の正史と言われている。玄齢の考えにそのようなものがあったのかどうか分からないが、戦乱が続いた時代に生まれた者としては、合理的な考えだけでは社会を説明できなかったからかも知れない。

05

トップは徳を持ち続けなければならない

得《え》難《がた》くして失い易《やす》し。念《おも》わざる可《べ》けんや。

【君道第一　第四章】

トップの地位というものは、得難くして失いやすいものである。よくよく考えねばならないことだ。

如何なる組織においても、並々ならぬ努力と運に恵まれなくてはトップの地位に就くことができないものです。しかしながら、その地位も、不祥事や事件だけでなく、些細な誹謗中傷や嫉妬や怨みなどで、いとも簡単に失う羽目になることがあります。

またトップになることだけが目的で、仕事に励むようなことであってはいけません。トップとなるのはあくまでも通過点であり、最終目的地ではありません。これを履き違えると、トップになってから、緊張感の欠如によって傍若無人な振る舞いをすることになります。

西晋滅亡以来300年ぶりに中国大陸を統一した隋の30年間の治世を例にして、

――**殷鑑《いんかん》遠からず、夏后《かこう》の世に在り。**

という『詩経』にある故事を引用し、貞観11（637）年に魏徴は太宗を諫めています。

漢文 難得易失。可不念哉。

殷の紂王《ちゅう》が鑑《かがみ》、即ち手本とするべきは、遠くの時代にある訳ではなく、ごく近い前代の夏の最後の桀《けつ》王の暴政から学ぶべきだったということで、魏徴は「唐の鑑は、隋にある」と指摘しています。

――隋の煬帝は、天下の安定を嫌って、国家の永続的繁栄を望まず、故意に暴政を行って隋を滅亡させた訳ではありません。

と述べた後、

――富強な国力を頼みとして後々のことまで考えず、公共工事を矢継ぎ早に行ったり、国中の美女や外国の珍宝を集めたり、外国へ遠征軍を送ったりして、人々に結果として苦しい思いをさせました。

と説きます。さらに、

――煬帝は表向きは威張っていても猜疑心が強く、自分におべっかを使って阿《おもね》る者に高い地位を与え、忠誠心に溢れて正しいことを諫言《かんげん》する者を殺したりしたことから、組織に属するメンバーは騙し合うようになり、組織全体で意思疎通ができなくなりました。結果として、組織は崩壊してしまいました。

と隋の滅亡の原因を示します。隋を滅ぼした唐の高祖と太宗の二人の優秀な皇帝は、

――毎日毎日慎み深くし、人から立派であると褒められても己惚《うぬぼ》れることがありません。

と前置きしてから、理想の帝王像、つまり優れたトップリーダーの徳について述べています。

——隋が建造した宮殿をわざわざ破壊することなく使い、不要不急なものは除外し、極限まで切り詰めに詰めて、元々ある桂の棟木や玉の石畳はそのままにして、新たに造するのは質素な茅葺屋根や土の階段ぐらいで、人々の力を使い果たすようなことをさせていません。ですので、物事を疎かにしないで初志を忘れないようにすれば、人々は自分たちの生活があるのは皇帝のお陰と感謝するようになるでしょう。

人々を苦しめれば、アッという間にトップの地位は失われてしまう訳です。現代の企業に置き換えれば、創業の精神を忘れ、質素倹約で経営を行って来た会社が上場企業となり、その調達した資金で、本社ビルを立派な高層ビルに建て直したり、まだまだ使える工場を移転させて拡大させたりするような経営判断は、「愚の骨頂」であると魏徴は指摘しています。

「殷鑑」となる組織の例は、現代でもそこら中にあることを忘れてはなりません。

同時代に歴史を飾った人物　その一

隋の文帝（541～604）

隋王朝の初代皇帝である文帝楊堅は、５４１年7月に北周の柱国大将軍の一人である楊忠の子として生まれた。北周の武帝が５６１年に即位すると、大将軍となり、隋州刺史として赴任した。父楊忠の死後、隋国公（当時は「隨」と書いた）を受け継ぐ。５７８年、娘を武帝の息子である宣帝の皇后にすえると、楊堅は大司馬として権力を振るった。宣帝死後は実権を完全に握り、５８１年、静帝から禅譲を受け、隋王朝を建てた。

　中国南方にはまだ王朝があり、５８７年に後梁王朝を、５８９年には陳王朝を滅ぼし、ついに全国を統一した。

　文帝楊堅は官制を整え、また、それまでの官吏登用の九品中正法を改め、科挙制度を設けるなど、多くの改革を行った。この科挙制度は制度を整えながら清末まで続き、中国の官吏採用制度に大きな影響を与えた。文帝は運河の建設を進め、南北の流通をスムーズにしようとした。こうして中央集権体制を確立した。

　太子に次子の楊広（のちの煬帝）をすえたが、楊広は父の愛妾の宣華夫人に手を付けるなどして、期待を裏切った。６０４年、文帝は病床で長子を太子に再度立てようとしたが果たせず、亡くなった。

　実は、隋の文帝の妻の姉は、北周の柱国大将軍の李昞に嫁いでおり、その息子が李淵、つまりのちの唐の高祖であり、隋王室と唐王室は親戚関係になる。

06

「善くあり続ける」という使命

木の長《ちょう》ぜんことを求むる者は、必ず其《そ》の根本《こんぽん》を固くす。流れの遠からんことを欲する者は、必ず其の泉源《せんげん》を浚《ふか》くす。国の安《やす》からんことを思う者は、必ず其の徳義を積む。

【君道第一　第四章】

木が高くなることを求める人は、必ずその根本を堅固にする。流れが遠くなることを欲する人は、必ずその泉源をさらって深くする。国の安定を願う人は、必ずその徳義を積み重ねる。

ある時、魏徴が太宗に対して、組織のトップリーダーが心掛けるべき資質について、

――組織の安定を願うならば、トップリーダーは人としての守るべき道徳上の義務を日々積み重ねなくてはなりません。

と提言しました。魏徴が優れたアドバイザーである理由は、トップの腑に落ちるように巧みな比喩を添えて進言する絶妙さにあります。

漢文 求木之長者、必固其根本。欲流之遠者、必浚其泉源。思国之安者、必積其徳義。

――根本が固くなくて木が成長することはなく、水源が浅くて遠くまで流れる川などなく、ましてやトップの徳がなくて国家が安定することなど聞いたことがありません。もし陛下が安らかな状態を善しとして、厳しい時のことを忘れて倹約をせずに贅沢に溺れるようなことをして、欲望を抑えられないことは危険なことです。

つまり、トップが自身を律して謙虚に振る舞わないことは、極めて危険であるという訳です。

中国歴代の皇帝たちを観察して、最初は憂慮の心から平和の志を持って成功した者が、天下を掌中に収めた後に徳を失うことが多いのはどうしてか。初めは善政を行う者は多くいても、終わりまで善くあり続けるものが極めて少ないのはどうしてでしょうかと魏徴は太宗に問いかけます。

――深く悩み憂う時は、必ず誠意を尽くして人を厚遇するも、志を達してしまえば欲張りとなり人に対して傲慢になるからです。

と魏徴は説いています。

如何《いか》なる組織も、発足時は高い志やミッションに共感して多くの人が集まり、共通の目標に向かって皆で組織を発展させますが、大きな組織となる頃には創設者や発足時のメンバーたちは、自らを律しない限り驕慢になり、組織に属するメンバーやパートナー、支援者たちの信頼を失ってしまうものです。

07

舟を載《の》せ舟を覆《くつが》す、宜しく深く慎《つつし》むべき所なり。

【君道第一　第四章】

舟を浮かべるのも水であれば、舟を転覆させるのもまた水ですから、トップたる者は、よくよく自戒して慎まなくてはなりません。

魏徴は皇帝を舟、国家に属する人々を水に喩《たと》えて、人々の支持がなければ皇帝の地位など無力であると本項のフレーズで太宗に提言します。

現代組織に言い変えれば、舟はトップを含む企業全体、水は顧客や株主と置き換えて良いでしょう。よくよく慎重に身を律しなければ、組織のトップは務まらず、そのためには次の十のこと、即ち「十思」をトップが実行すれば、組織の中の才能ある者、即ち人財が大いに活躍すると、魏徴は具体的に示しています。

①欲しい物を見た時は、足ることを知って自らを戒めよ

漢文　載舟覆舟、所宜深慎。其可勿乎。

②過剰な設備投資をしようとする時は、中止することで人々を安心させよ
③無理をして高い目標を持つ時は、謙遜して自己を冷静に見つめ直せ
④満ち溢れんばかりに大きなアイデアが湧く時は、海や川より己が小さいことを思え
⑤遊び楽しみたい時は、せいぜい三回までを限度とせよ
⑥怠けたりするような心配がある時は、初志を忘れずに終わりまで慎み深い姿勢を貫徹せよ
⑦本当のことを周りが言わなくなったのではと思う時は、謙虚な姿勢で人々の言葉に耳を貸せ
⑧悪口を言う者が周囲に多くなったと思う時は、身を正しくして悪を退けよ
⑨恩賞を授ける時は、喜びによってその功績以上に褒美を与えるな
⑩刑罰を与える時は、怒りによってその量刑以上に重く罰を与えるな

組織に属するメンバーの中から善人、つまり私心のない有能な人物を選んでその提言に従うことが肝要だと指摘しています。そうすれば、智者は練りに練った提案を出し、勇者はその力を全開にし、仁者はその恩恵を広め、信義ある者は忠節を捧げるようになり、組織全体が活性化して成長するので、トップは何もしなくとも全てがうまく運ぶようになります。

やはり優れたトップというものは、些細なことまで自分の手を煩わせず、耳と目を正しく使って大勢の人の知恵と能力を結集し、私利私欲にとらわれず組織全体のために身を捧げることができる人であると魏徴は断言しています。

08

緊張感をどれだけ持続できるか

古《いにしえ》より帝王を観《み》るに、憂危《ゆうき》の間《かん》に於《お》いて在《あ》れば、則《すなわ》ち賢《けん》に任じ諫《いさ》めを受《う》く。安楽《あんらく》に至るに及びては、必ず寛怠《かんたい》を懐《いだ》く。

【君道第一　第五章】

古来からのトップリーダーを観察すると、組織に危険な兆候がある時、優れた人財からの耳に痛い提言を受け入れる。しかし、いったん危機が去って安泰となれば、必ず気が緩むようになる。

貞観15（641）年、太宗が重臣たちに天下を守ることの難しさについて、問いを投げかけました。魏徴が直ちに「極めて難しいものです」と答えると太宗が、

――優れた人財を引き立ててマネジメントをさせて、厳しい忠告も聞き入れていれば、困難など、いったいどこに生まれるのか。

と不本意だと言わんばかりに反論したところ、魏徴が本項のフレーズで太宗を諫めます。

トップが平和な気持ちに浸って気を緩《ゆる》めている時に、諫言するべき者たちも遠慮して、トッ

漢文 観自古帝王、在於憂危閒、則任賢受諫。及至安楽、必懐寛怠。

プが聞いて嫌な苦言を呈することを躊躇するようになり、次第に負のスパイラルに陥って、組織の危機や滅亡を招くことになると魏徴は説明しています。そして最後に、

――昔の聖人が国家の安らかな時にも、いつも危機や苦難の時を思って緊張していたのは、このためです。ですから、平穏無事な時こそ大いに警戒しなければなりません。どうして困難ではないと言えましょうか。

と魏徴は述べます。つまり、優れたトップたちは、**「常在戦場」**の覚悟で組織全体に目を光らせていなくてはいけないという訳です。

組織全体がピリッとするためには、常に組織のリーダーや幹部が緊張感を持ってマネジメントにあたらなければなりません。緊張感を持続させることはとても容易ではありませんし、組織が大きくなればなるほど、緊張感の重さは乗数倍で重くなります。

世襲の王朝時代でも、民主的な社会においても、功績あるトップリーダーが、長期間にわたってその地位にあることが危機を自然に招くということになります。

他人より心身共に頑強で、尚且つ頭脳明晰であったとしても、長く同じ地位や環境の中にあると、緊張感を持続させることは困難です。その潮時を見極められない人間の多くが、引き際を誤ることになります。

組織のリーダーたる者は、己自身に厳しく、緊張感を極力持続させながら使命感に燃えてマネジメントすることに一身を捧げなくてはならないのです。

学び続けることで成長できる

09

朕《ちん》、天下を有《たも》つの日《ひ》浅く、治《ち》を為《な》すの意を得《う》ること、固《もと》より未だ弓《ゆみ》に及ばず。弓すら猶《な》お之《これ》を失《しっ》す。何ぞ況《いわ》んや治においてをや。

【政体第二　第一章】

トップとなってまだ日が浅いので、マネジメントの神髄を体得することなどは当然できず、腕力を用いた強引な方法でやってきた経験には及ばない。その強引なやり方でさえも、間違っていたのかも知れないと思えば、マネジメントなどについては自分は全く何も分かっていないのに違いない。

貞観元（627）年、太宗は重臣の蕭瑀《しょうう》に、

――自分は子供の頃から弓矢が得意で、それを極めたと自負していた。ところが最近、素晴らしい弓を十張ほど手に入れたので、弓職人に見せたところ、大した代物でないとの鑑定だった。剛弓であっても材質の筋目が悪いとのことだが、全く気が付きもしなかった。

と落胆した思いを語ってから、本項のフレーズを述べました。

漢文 朕有天下之日浅、得為治之威意、固未及於弓、弓猶失之。何況於治乎。

あれだけ得意で自信のあった弓であっても、まだ何も自分は分かっていなかったとショックを受け、皇帝となってまだ日が浅い自分に国家をマネジメントする要諦など分かるはずがないと気付いた訳です。

〝気付き〟は組織のリーダーにとって、最も重要な資質の一つです。

人は生涯にわたって学び続けることによって成長する生き物です。若くして高い地位に就いたり、成功したりする者は、案外学びの感性が鈍って成長が止まってしまい、魅力やカリスマ性といった輝きを失ってしまいます。

人は「**大器晩成**」が善しとされるのは、〝気付き〟を得るために緊張感を持続させることに耐えた努力の集積こそが、真の成功であるからです。

太宗はまだ30歳前にして大帝国のトップの地位にありながら、己の不明を恥じてそれを隠さずに吐露し、すぐに対応策をとります。都にいる上級官吏の全員に命じて、交代で身辺に侍らせて常に民間の諸事について尋ね、国家組織のマネジメントに活かす努力をしました。

〝気付き〟とは些細な違いや変化を見逃さない感性によって醸成されますが、経験や思い込みによる慣れや緊張感の欠如などによって簡単に鈍るものです。それを常に磨き続ける心掛けを持つことが、極めて大切です。

唐の太宗ですら然《しか》りですので、現代企業のトップリーダーは謙虚にこのエピソードに学んで損はありません。

10

付和雷同せず最善を尽くす

人の意見は、毎《つね》に同じからざる或《あ》り。是非《ぜひ》する所《ところ》有《あ》るは、本《もと》、公事《こうじ》の為《た》めなり。

【政体第二　第二章】

人の意見というものは、いつも一致しないものだ。組織内において、互いに是とし非とするような議論は、本来は組織の共通の目標や価値のためになされなくてはならない。

貞観元（627）年、太宗は重臣の一人である王珪《けい》に語りかけます。

——組織内の部門同士が、それぞれ自分の方が正しいと主張して、相手を尊重しないで一方的に誤りであると指弾するようなことが見受けられる。

として、太宗が本項のフレーズを述べました。

隋の時代、煬帝を取り巻く多くの重臣たちが、どっちつかずの態度で政治に臨み、面従腹背で陰口を叩いたり、足を引っ張り合ったりすることに終始し、それが組織全体にとって悪いことであると気付きもせず、結果として国を滅ぼしてしまったと太宗は指摘しています。

如何に優秀な人財が集まる組織であっても、私心と我欲にまみれた人々ばかりであっては、

漢文 人之意見、毎或不同。有所是非。本為公事。

長続きすることはできず、仲間同士に疑心暗鬼があれば結束も生まれません。
組織に属するメンバーたる者、組織のトップに対して何事も包み隠さず、私心を排除して良い提言をすることを心掛けて、

――**勿上下雷同也！（組織の上も下も、むやみに他人の意見に同調するな！）**

と太宗は戒めています。

「雷同」は、雷が鳴ると世の中の全てがその大音響に反応する様子から、しっかりとした自分の考えなく、他人の意見や言説に軽率に同調することを指します。

無批判に他人に便乗することを「尻馬に乗る」とも言いますが、自らの意志でなく群集心理で流されるような人間の集まりでは、優れた成果を得ることなどできるはずもないことは、小学生でも分かります。しかしながら実際の世の中では、未だに付和雷同の輩によって多くの組織が構成されていることが往々にしてあります。

例えば、このところ頻発している日本を代表する一流大企業における不祥事は、保身を第一とする付和雷同型のイエスマンがはびこり、チェック機能が働かなくなった結果と言えなくもありません。

イエスマンが保身に汲々とすれば、トップから無理な利益拡大を割り振られた現場には、人員やコスト削減の嵐が吹き荒れ、組織は疲弊し、事故や事件が起こりやすくなります。そして、不正に手を染めるのも厭《いと》わなくなるという悪循環に陥るのではないでしょうか。

メンバーに求められる緊張感

11

今より詔勅《しょうちょく》に穏便《おんびん》ならざる有るを疑わば、必ず須《すべか》らく執言《しつげん》すべし。妄《みだり》に畏懼《いく》すること有り、知りて寝黙《しんもく》するを得ること無かれ。

【政体第二　第四章】

今後は業務命令に不審な点があると疑いがあったならば、必ず自分の意見を主張してトップへ提言しなければならない。むやみやたらに恐れ、欠点を知っていながら黙っていることがあってはならない。

貞観3（629）年、太宗は朝廷に参内する重臣たちに、不満をぶつけて詰問します。

――国家組織の中枢で重要な職務を果たすべきメンバーたちが、才能溢れる優秀な人財から抜擢しているにもかかわらず、保身に走ったり、怠慢になったりしている。トップである皇帝の出す命令に対して、一言も意見を提起したり、異議を挟んだりする者がいなくなった。

太宗の優れたところは、自分の発する命令に誤りや不備がゼロであるという事態が、異常

漢文　自今詔敕疑有不穩便、必須執言。無得妄有畏懼、知而寢默。

であると気付いた点です。ただ判を押すような追認作業しかしないならば、わざわざ優秀な人財を高給で幹部として雇っている意味がないということです。

そこで本項のフレーズで、居並ぶ重臣たちの緊張を欠いた仕事ぶりを叱りつけました。房玄齢らが叩頭して謝罪したと記されていますので、固い石材が敷き詰められた宮廷の床に、文字通り額から血を流すほどまで強く叩きつけて詫びて、太宗の怒りを解いたのでしょう。重臣たちには、さぞ背中に冷たいものが走ったはずです。

『韓非子』の【初見秦篇】に、

――知らずして言うは不智、知りながら言わざるは不忠。（何も知らないにもかかわらず発言するのは知恵がない、知っていながら発言をしないのは職務に忠実でない）

とあるように、知りもしないことをペラペラとしゃべるような者も問題ですが、組織から報酬をもらっていながら会議の席でだんまりを決め込んで発言をしないような者は、トップと組織に対して忠実でないということです。

唐の時代はまだ「朱子学」や「陽明学」が発達する11世紀の宋の時代ではありませんでしたので、原理的な儒教思想にとらわれずに、韓非子などの法家思想もほどよく織り交ぜて政治が行われていました。『貞観政要』はそういった意味で、古代中国の優れた思想のいいとこどりを太宗がしていることが随所に記されています。

12

大胆な権限委譲がマネジメントのカギ

天下の広きを以《もっ》てして、千端万緒《せんたんばんしょ》、須《すべから》く変通《へんつう》に合《がっ》すべし。皆、百司《ひゃくし》に委ねて商量《しょうりょう》せしめ、宰相《さいしょう》に籌画《ちゅうかく》せしめ、事《こと》に於いて穏便《おんびん》にして、方《はじ》めて奏《そう》して行う可《べ》し。

【政体第二 第五章】

世の中は広いので種々様々な事件が起きるから、それらに対して柔軟に対応し、適応すべきである。多くの幹部に任せて協議させ、重役に対策を立てさせ、その内容が妥当なものであって初めて、提案して実行すべきである。

貞観4(630)年、太宗は蕭瑀に対して、「隋の文帝はどのような君主であったか」と問いかけます。蕭瑀は次のように答えます。

――私欲に打ち克ち、礼に従い、勤勉に政務を行っていました。朝廷で早朝に議論が始まると、日が暮れるまでかかる時もあり、中級以上の官僚を近くに呼んで常に意見を聞き、護衛までも立って食事をするくらい、時間を惜しんで仕事をしたほどです。仁徳に厚く

漢文 以天下之広、千端万緒、須合変通。皆委百司商量、宰相籌画、於事穏便方可奏行。

賢明な人であった訳ではありませんが、あれほど職務に励んだ皇帝は歴史上いなかったのではないでしょうか。

蕭瑀は隋の文帝に出仕し、姉が文帝の次男である晋王楊広（後の煬帝）の后となったことから、隋の宮廷では重きをなしていました。

しかしながら太宗は、それは一面であって全てではないと反論します。

――隋の文帝は、非常に神経の細かい人で、暗い性格だった。後梁の明帝の亡き後にその未亡人と幼い皇帝を欺いて天下を取った人物なので、重臣たちに対しても猜疑心が強く、誰一人として信任していなかった。だから一人で政務を執り、判断していた。自らの健康を害するほどに仕事に励んだ。しかし、それでも重臣たちは進んで直言しようとせず、単に文帝の命令に素直に従うだけであった。

隋の文帝は太宗の父の母方の従兄ですから、親戚の怖いオジサンみたいなものです。皇帝といっても、文帝のことを冷静に観察していたのでしょう。それを反面教師として、自分はこういうやり方でマネジメントしたいと述べたのが、本項のフレーズです。

優れた人財を集めた大きな組織であれば、諸事案件を効果的に迅速に処理するためには、権限委譲してマネジメントすべきだという訳です。太宗は、重臣たちに命令を出します。

――1日に1万件もあるような決裁を一人だけの判断でするなど無理な話であって、仮に1日に10の事案を処理しても、そのうち半分は間違っているかも知れない。それが積み重なれば、組織が崩壊するような事態になるのは当たり前だ。だから、皆でおかしいと思うことがあれば、必ず原理原則を守って、躊躇せずに進言して欲しい。トップが日常の実務をきっちりとこなすのではなく、日常業務を処理する人たちをしっかりと監督、評価する職務に専念すると宣言している訳です。これは現代の組織においても、全く同じ原理が通用するのではないでしょうか。

太宗に仕えた名臣たち　その三

蕭瑀《しょうう》（575〜648）

魏徴や房玄齢らと並んで、「凌煙閣二十四功臣」と呼ばれる太宗の股肱の重臣の一人。

南朝の一つである後梁の明帝の皇子として生まれる。後梁が隋によって滅ぼされた際、姉が晋王の楊広（のちの煬帝）の妃となり、蕭瑀も隋に出仕した。文章が巧みで知られた。

晋王が皇太子となり、やがて皇帝として即位すると姉の蕭妃が皇后となり、蕭瑀も外戚として煬帝の朝廷で重んじられるが、ズケズケと諫言することを嫌われて左遷される。

唐の李淵は蕭瑀を宋国公という高位に封じて迎え入れた。蕭瑀は李淵に遠慮なく、よく諫言をした。また、李淵の面前でしばしば李世民を弁護した。のちの太宗李世民の幕僚となってからも、容赦ない諫言で知られた。高貴な生まれからか不平不満が多く、房玄齢、杜如晦、魏徴らと意見が衝突した。心が狭いという評価があったものの、太宗を要所要所で補佐した。

没後、「粛（静かなという意味）」と諡されたが、太宗は似合わないとして「貞褊（正しいが心が狭いという意味）」と改めさせた。息子の蕭鋭は太宗の長女である襄城公主の婿となった。

13

国を治むると病を養うことは異《こと》なること無きなり。

【政体第二　第六章】

組織をマネジメントするのと病気を治療するのとに、違いはない。

貞観5（631）年、太宗が大勢の重臣たちの前で、本項のフレーズを述べてから、

――病気は治ったと思った時こそ、ますます用心しなくてはならない。もし治りかけの時に無理をしたりすることがあれば、命を失いかねない。組織も同様で、世の中が安泰で景気が良くなったと思った時こそ、最も心配して慎重に行動しなくてはならない。

と組織マネジメントのコツを説明します。組織のトップリーダーが、軽はずみに威張って我《わが》儘《まま》な振る舞いをすれば必ず滅亡を招く。世の中の安定と平和は自分一人にかかっているので、

――日に一日を慎み、休《よ》しとすと雖も休《よ》しとすること勿し。（毎日、用心を重ね、いくら立派だと賛美されてもまだまだ立派だとは考えたりしてはいけない）

と極めて太宗らしく、自分に厳しい戒めの言葉を言明しています。

漢文 治国与養病無異也。

如何なる組織も成長、発展を遂げてから安定期に入った時、また安定期に入りつつある時こそトップは自らのマネジメント力を過信せず、驕らず、むしろ一層謙虚な態度で組織に属するメンバーに接し、自分自身を控えめにして身を慎まなくてはなりません。

これまでの功績を誇って、軽はずみな行動や尊大な態度を取り、勝手気ままに過ごせば、隋のようにトップの傲慢さと奢侈によって、国家組織を崩壊させてしまうことがあります。それを目の当たりにした太宗は、実体験をもとに本項のフレーズを述べています。

持ち前の責任感と使命感に溢れるリーダーならではの言葉です。太宗は『自省録』を著したローマ帝国マルクス・アウレリウス・アントニウスに比肩する哲人皇帝のようです。

太宗のリーダーとしての魅力は、自己内省力と自己統制力を普通の人の何倍も持ち合わせていながらも、日に日に用心を重ねないとついつい気が緩んで驕り高ぶってしまうことを自覚していて、それを正直に吐露しているところです。

子供の頃から聡明で武芸にも極めて秀でていた太宗は、自分の手足とも言うべき百戦錬磨の将軍たちを数多く抱えていました。

心の中では、自分の方が弓術は上手いと思っていても、表立って得意気に口にはせず、重臣たちの中の弓矢で組織に最も貢献していると自負する諸将といらぬ口論の種をまいたりすることがありませんでした。

太宗自身は面白くないことや誇張気味に手柄話をする諸将を疎ましく思うこともあったか

も知れません。『貞観政要』の所々に身を慎まなくては、驕らないようにしなくてはという太宗自身の言葉が再三再四出てきます。

現代企業のマネジメントにおいても、如何に自分に知識や判断能力があるかを誇り、役員や社員の前で誇示したがる経営者が意外に多く存在します。

二代目や三代目のオーナー経営者、または大抜擢を受けて先輩や上席者を抜いてトップとなった経営者には、年が若いため、自らの力を会議の場で示さないと舐められるとの焦りもあるかも知れません。しかし、そんな時こそ組織のリーダーとしての我慢のしどころではないでしょうか。

同時代に歴史を飾った人物　その二

隋の煬帝（569～618）

　のちに煬帝と諡号を贈られる楊広は、隋の文帝楊堅の次子として569年に生まれた。若年にもかかわらず、陳の討伐軍の指揮をまかされ、南朝を滅ぼした。兄である皇太子楊勇はその派手さと女にだらしないことから、母の独孤氏から嫌われた。そこで、楊広は質素な生活をして表面を取り繕い、母を信頼させ、ついに楊勇を廃嫡させ、自分が皇太子となった。604年、父の文帝が亡くなり（一説には殺害したと言う）、即位した。

　煬帝は、父の事業を受け継ぎ、中国の南北をつなぐ大運河を完成した。これにより、豊かな南方の物産を北方に送れることになり、現在で言う流通革命が行われた。さらに軍事的には、南方に兵を容易に移動することができ、以後も中国統一に大きな役割をはたすことになった。

　しかし、運河建設には多くの人民が使役され、国中に煬帝に対する怨嗟の声が高まった。また、三度にわたる高句麗遠征に、多くの人民が苦しんだ。

　やがて、各地で反乱が起こり、618年3月、近衛兵によって殺された。

　なお、日本は煬帝の始世に遣隋使を二度送っている。なかでも、「日出づる処の天子、書を日没する処の天子に致す、恙無しや」という国書に煬帝は立腹したが、高句麗遠征の前で、外交上、友好関係を保つため、不問に付した。

トップとメンバーの理想的な緊張関係

14

道《みち》有《あ》れば則《すなわ》ち人《ひと》推《お》して主《しゅ》と為《な》す。道《みち》無《な》ければ則ち人《ひと》棄《す》てて用いず。誠に畏《おそ》る可《べ》きなり。

【政体第二　第七章】

立派な使命を持っていれば、人々が推してトップとする。しかしながら、いい加減なことをしていれば、人々はその地位から引きずり降ろしてしまう。本当に恐ろしいことだ。

貞観６（６３２）年、太宗は中国歴代の皇帝たちを観察して感じたことを重臣たちに語ります。

——組織に属するメンバーたちが本当のことを言わないで、結果としてトップの耳や目を覆い隠すことになると、トップは善悪のジャッジができなくなってしまう。直言する者がいなくなり、おべっかを使う者ばかりになってしまい、やがて愚かなトップは自分の欠点や過失が分からなくなり、最終的には組織全体が崩壊してしまう。だから、職務をメンバーそれぞれに分担させて、トップの目や耳になってもらっている。

と前置きしてから、本項のフレーズを語ります。すると、魏徴が進み出て述べました。

漢文　有道則人推而為主。無道則人棄而不用。誠可畏也。

——大昔から国を失った皇帝は、平和で安定した時に危険であった頃のことを忘れてしまいがちです。うまく治まっている時に乱れていた頃を忘れてしまうものです。

と組織を永続的に維持できない理由を説明し、さらに『荀子』王制篇から、

——**君なる者は舟なり。庶人なる者は水なり。水は則ち舟を乗せ、水は則ち舟を覆す。**

という名句を引用し、人々はトップのことをよく見ていて恐るべきものですと太宗に上申します。『荀子』には、次のようにあります。

①何よりもマネジメントを公正に行い、人々を愛することが大切である
②組織を繁栄させるためには秩序を尊重し、優れた人物に敬意を払うことが大切である
③功績を上げるためには賢者を登用し、有能な人財に仕事をやらせることが大切である

と組織マネジメントにおいて、トップの心得るべき三つの要素を説明しています。

現代の組織に置き換えれば、水はまさに顧客や株主です。現代マネジメントの創設者で巨人のピーター・ドラッカーは、マネジメントには自らの組織を機能させ、社会に貢献させる上で三つの役割があるとして、

①自らの組織に特有の使命を果たす
②仕事を通じて働く人たちを活かす
③自らが社会に与える影響を処理すると共に、社会の問題に貢献する

を挙げています。

小さなことにどれだけ気を配れるか

15

凡《およ》そ大事《だいじ》は皆小事《しょうじ》より起る。小事、論ぜずんば、大事、又、将《まさ》に救う可《べ》からざらんとす。

【政体第二　第八章】

全て大事というものは皆、小事から起こるものである。小さなことを問題にしないで捨て置けば、大きな問題となって解決することなどできなくなるだろう。

貞観6（632）年、太宗は重臣たちに、政務を決裁しながら小さな法令違反があることをしばしば見つけることがあるが、重臣たちは小さな問題であるからといって見逃し過ぎているのではないかと投げかけます。

小さな事柄や細かな問題などについて、人は誰も気付きながらも迅速な対応を疎かにして、大きな問題となってから後悔することがあります。

「見えないところまで気を配る」とは、外見だけでなく見えない〝内面〟にも気を配ることであり、そうした〝気付き〟や細やかな心遣いは、組織のリーダーにとって極めて重要な資質です。

漢文 凡大事皆起於小事。小事不論、大事又将不可救。

仕える主人を生涯に12人も変えながら、戦国時代から江戸時代までを生き抜いた日本の武将である藤堂高虎は、

――小事が大事に至らないためには、小事も大事だと思って、大事の時と同じような議論を行い、慎重な決断を下すべきである。そうすれば決して後悔しないであろう。

と些細なことの大事さを説いています。さらには、

――小事が大事なことを引き起こすのは、油断の成せる業《わざ》だ。

とも指摘し、小事を軽視することへの警告をしています。

指導者のための指針の書として、江戸時代末期から現在まで読み継がれている佐藤一斎の随想録『言志四録』には、

真に大志有るものは、克く小物に勤め、真に遠慮有る者は、細事を忽《ゆるが》せにせず。

と記されています。

大きな「志」と遠くの先まで考えることができる人は、小さな事柄も粗末にしないよう勤めに励み、些細なことも見逃さないものだということです。

善き悪しきにつけ、トップリーダーは小事を軽視してはいけません。

本項のフレーズは現代の組織に置き換えれば、トップのみならず組織に属するメンバー全員が小さなことでもコンプライアンス違反をしないように心掛け、きめ細かくコーポレートガバナンスに配慮したマネジメントを心掛けよと解釈するべきでしょうか。

長期的な視点でマネジメントする

16

夫《そ》れ国を治むるは、猶《な》お樹《き》を栽《う》うるが如《ごと》し。本根《ほんこん》、搖《ゆら》がざれば、則《すなわ》ち枝葉茂盛《しようもせい》す。

【政体第二　第十章】

国を治めるのは樹木を植えるのと同じである。根本が動かなければ枝葉は繁栄する。

貞観9（635）年、太宗が重臣たちに次のように語りました。

――父と共に隋の都である長安を占領した時に、たくさんある宮殿が美女や財宝で満ち溢れていたのを見て驚いた。しかも煬帝はそれでも足りないと思って税を重くして取り立て、外征を止めることもなく、遂には滅亡してしまった。

自分は若かりし頃に煬帝の末路を見て、己の反面教師としたと述べます。太宗は皇帝として即位以来、

――朝早くから夜遅くまで務めて怠らず、ただ欲望を少なくして、世の中が穏やかで平和であることを願った。大土木工事は全く行わなかったので、穀物もよく実り、人々は安楽に暮らすことができた。

漢文　夫治国、猶如栽樹。本根不搖、則枝葉茂盛。

とやや自讃してから、

――組織のトップが無欲で清廉であれば、組織全体が安定し楽しいものになるであろう。

と結論を述べるにあたって、本項のフレーズを喩えとして使います。

組織のトップが身を慎み、丁寧に草木を育てるように世話を焼いて、組織を気長に育てることが重要であり、根本がしっかりとしていれば、組織内で優れた人財が大いに活躍する場が与えられ、ますます組織が拡大、進化、繁栄することになります。

現代の企業経営において、設備投資や企業買収などの拡大成長路線がいけないと戒めているのでは、もちろんありません。

過度な我欲を持った組織のトップは、組織がいったん繁栄したかのように見えても、長続きをすることはありません。「良樹細根、大樹深根」の方針で、組織マネジメントは行わなくてはならないものです。

つまり、正しい考え方という根をしっかりと張り巡らせたマネジメントをしている組織のリーダーは、やがてたくさんの枝葉が茂るように大きな成果を得ることができるようになります。すぐに結果が出ることばかりに目を向けているだけでは根が疎かになるので、しっかりと根が深く広がるように、目に見えない部分に気を配って努力することが大切であるという訳です。

これこそが、組織マネジメントの要諦中の要諦です。

17

トップは自らの影響力を知る必要がある

理《り》を為《な》すの要《よう》は、務《つと》めて其《そ》の本《もと》を全《まっと》うす。

【政体第二　第十二章】

マネジメントの要点は、その基本となることを完全に行うように努力することである。

貞観8（634）年、太宗が大勢の重臣たちに本項のフレーズを語ってから、

――中央の都が乱れていれば、遠くの異民族が朝貢して服属して来ても何の意味もない。私は皆と一緒に世の中を治め、本国を安らかに治め、四方の国境を平穏にすることができた。これも皆が忠誠を尽くし、多大な功績をあげたお陰である。私は本当に嬉しい。しかしながら、安らかな時に危機を忘れてはならず、常に用心しなくてはならない。

と太宗は自分の治世も安定期に入っていると述べた後、

――滅亡した隋も煬帝が即位した時は栄えていたが、驕りによって国家の崩壊を招き、異民族たちも一時は力を得て巨大になったが度重なる兵乱によってその力を失った。

と説明しています。自分は古代中国の聖王と言われた堯《ぎょう》、舜《しゅん》、夏の禹《う》王、殷の湯《とう》王のような徳はないが、自身を慎み、重臣たちの補佐を得て、引き続き努力していきたいと宣言します。

漢文 為理之要、務全其本。

——有不是事、則須明言、君臣同心、何得不理。（正しくないことがあれば、必ず明言せよ、君臣の心が同じならば、うまくいかないことはない）。

すかさず魏徴が進み出て、

——上之所好、下必従之。（組織のトップの好むところは、そのメンバーは必ず従う）。

という古語を引いて太宗のマネジメント方針を褒め讃えます。

これは『論語』にある「**上好む者有れば、下必ずこれより甚だしき者有り**」もしくは『孟子』滕文公上篇の「**上有好者、下必有甚焉者矣**」、つまり「**人の上に立つ者が好むことは、必ずそれを見ている下の者がさらに輪をかけて真似るようになる**」ことだと魏徴は指摘します。

確かに現代の企業においても、門の守衛や掃除係からその会社の社風とも言うべきもの、経営者の顔が想像できます。国会や議員会館の「衛視」と呼ばれる警備員の尊大さは、驚くほどです。どう考えても公僕に仕えているようには思えませんので、そんな「衛視」の主人たちによる日本政治が迷走するのも頷けます。

「他人の真似」というのは、自信のなさや不安などから自分を見失ったり、抑え込んだりして、同化しようとする行為から発生するそうです。組織の中で生き残り、活躍の場を得るために、組織に属するメンバーなら誰しもトップに同調・同化するのが自然でしょう。優れたトップであれば喜ばしいことですが、性根の悪いトップの率いる組織であれば、まさに災難でしかありません。「**朱に交われば赤くなる**」とはよく言ったものです。

身を慎んで職務に励む

18

朕《ちん》、公等《こうら》と既に人を笑うことを知る。今、共に相匡輔《あいきょうほ》し、庶《こいねが》くは人の笑いを免《のが》れん。

【政体第二　第十三章】

皆と仕事をしながら、人の行為を笑うことを知った。これからも互いに補い合い助け合って、人から笑われないようにしたいものだ。

貞観元（６２７）年、北狄と呼ばれた北方の異民族である拓跋からの使者に対して、太宗が、「拓跋の兵馬は、今どのくらいあるか？」と尋ねました。すると使者が答えます。

――４千人ほどでございます。昔は４万人以上おりました。

拓跋は鮮卑族の有力氏族の一つで、三国時代の魏の頃から中原の皇帝に朝貢を行うようになりました。

３８３年におきた淝水《ひすい》の戦いで前秦が東晋に敗北した後に、拓跋珪なる者が独立して北魏を建国します。後に漢民族の文化と習慣を積極的に取り入れ、仏教を保護したことで知られる道武帝です。

漢文 朕与公等既知笑人。今共相匡輔、庶免入笑。

華北をいったんは平定したものの、道武帝は酒食と女色に溺れ、39歳で次男に暗殺されてしまいます。この次男を殺害して即位した長男の明元帝は、戦乱に明け暮れます。その息子の太武帝が１５０年にわたる華北分裂の時代を４３９年に終わらせて、中国大陸の北部を統一したことから、中国の南北朝時代が始まります。

実は隋と唐の帝室の先祖は、共にこの北魏の皇帝に大将軍として仕えていました。精鋭の強兵を抱えた大帝国の北魏も往時の面影はなく、その子孫が小国として唐に朝貢してきているのを目の当たりにして、太宗が嘆息した訳です。そして、同じく朝貢して来る西域の異民族のことを思い出して、

――西域の古人は宝玉を愛し、美珠を手に入れると、自分の身体を割いて隠すそうだが。

と問うと、重臣たちは財宝に目がくらんで愚かなことと大笑いしました。それを制して太宗は、

――胡人だけを笑ってはならない。賄賂を受け取れば処罰されるにもかかわらず賄賂を貪って、自分の死後に子孫が処罰されているのは、西域の胡人と同じであろう。トップも同じである。あの北魏の末裔や隋の末路を見よ。

と太宗は戒めて、本項のフレーズで、後世の人に笑われたり、憐れんだりされないように身を慎んで職務に励もうと述べました。

優れたリーダーは賢者を求める

19 帝王為《た》る者は、必ず須《すべか》らく其《そ》の与《くみ》する所を慎むべし。

トップリーダーたる者は、必ずその好みを慎重にしなくてはならない。【政体第二 第十四章】

貞観9（635）年、太宗は重臣たちに本項のフレーズを述べてから続けて、

――狩猟用の鷹や犬や馬、あるいは音楽、美女、美味なる食事など、自分が望めばすぐ目の前に用意される。しかしながらこうした物は危険だ。同じように奸臣も忠臣もトップの好み次第で集まるに違いない。

と言い終わると、魏徴は昔の斉の威王と淳于髡《じゅんうこん》という賢者との問答について話します。

――私の好むところは、古代の聖王たちと同じであろうか、違うであろうか。

と威王が重臣たちに問いかけると、

――古代の聖王たちが好んだものは四つありましたが、王は三つのことをお好みです。

と淳于髡《じゅんうこん》は指摘します。

漢文 為帝王者、必須慎其所与。

――昔の聖王は美女を好みましたが、王も好みます。昔の聖王は良馬を好みましたが、王も好まれます。昔の聖王は美食を好みましたが、王も好みます。ただ一つだけ同じでないものがあります。

威王が何であろうと身を乗り出すと、

――昔の聖王は賢者を好みましたが、王は好みません。

それは違うと、威王は反論します。

――昔のように好む価値があるような賢者がいないからだ。

そこで淳于髡《じゅんうこん》は威王を諭します。

――宮中には素晴らしい食材、馬、美女がたくさん既に備わっています。それなのに王の治めるこの時代に、昔のような賢者が存在しないとお考えでしょうか。王が好まれないから、賢者が集まらないだけではないでしょうか。

このエピソード聞いた太宗は、まさに「その通りだ」と膝を打ちました。

因みにこの斉の威王と淳于髡との間には、「**三年鳴かず飛ばず**」のエピソードもあります。以前はジッと機会を待つという意味でしたが、最近では長い間パッとしないという意味で使われるようになっています。

常に自分の身を正すことができるか

20

古人《こじん》の善《よ》く国を為《おさ》むる者は、必ず先《ま》づ其《そ》の身《み》を理《おさ》む。

【政体第二　第十九章】

昔のトップで上手く組織をまとめた者は、必ずまず自分の身を修めた。

〝修身〟という言葉は、四書五経の『大学』の中に、

――自天子以至庶人、壱是皆以修身為本。（天子より庶民に至るまで、全てに皆誰もが身を修めることを基本とする）。

と記されたのが由来です。

本項のフレーズは、貞観３（６２９）年に太宗が房玄齢に語った言葉です。組織に属するメンバーと、適切な節度と緊張感を持った関係を構築するために、組織トップが留意しなくてはならないことは、この〝修身〟にあると述べています。

〝修身〟、即ち自分の身を修めるとは、必ずその習うところを慎み、習うところが正しければ、自然とその身が正しくなる。その身が正しいリーダーならば、何の命令をしなくても組織は

漢文 古人善為国者、必先理其身。

よくまとまるものであるというのが、太宗の主張です。

太宗は政務中でも休息中でも、常に魏徴と虞世南を近くにおいて、政治のことについて論議したり、様々な古典などについて意見を求め、この二人からのアドバイスを真面目に聞いて、実行してきたそうです。それが自分の身だけではなく、結果として国家組織が安泰になった理由であると説明しています。

オンオフのケジメは大切であると信じられていますが、組織のメンバーとその家族の生活を守る使命を持つリーダーが、四六時中マネジメントのことを真剣に考えなければ、組織は決して成長することも安定することもありません。

心身共に頑強であることが、大勢の人に対して責任を持つ者の大切な資質ですが、さらに、常に謙虚に人の意見やアドバイスに耳を傾け、自らを律することが極めて重要です。

馴れ合いが生まれる組織というものは、メンバーそれぞれがだらしない性格だからではなく、トップ自身の緊張感の欠如によって生じるのだと太宗は信じていたようです。

人間というのは、ともすれば自分のことを棚にあげて他人を論じて批判してしまう性質があります。だからこそ、強い信念と意志を持って自分の身を修めて正さなくてはなりません。それがしっかりできる者こそ、優れた本物のトップリーダーという訳です。

信頼できる諫言役を持っているか

21

公《こう》独《ひと》り金《きん》の鉱《こう》に在るを見ずや、何ぞ貴《とうと》ぶに足らんや。良冶《りょうち》鍛えて器《き》を為《な》せば、便《すなわ》ち人の宝とする所と為《な》る。

【任賢第三　第三章】

貴公は、鉱石のままの金を見たことがないのか、少しも貴ぶ価値がない。しかし良冶が鍛えて良い器をつくれば、人に宝とされるものだ。

太宗には多くの名臣が仕えていました。中でも諫言役の魏徴と王珪は、元々は太宗の兄で皇太子の地位にあった李建成の幕僚でした。

太宗に昔から仕える重臣、つまり譜代の連中は面白くなく、魏徴と王珪を批判して讒言《ざんげん》をしますが、太宗は一向に気にすることなく、皇后の兄である長孫無忌《むき》などが、酒宴の席で昔の敵であったこの二人と同席するなど心外だと漏らすと、太宗は、

――主人のために心を尽くしたことは、褒めるべきだ。

と言って、魏徴と王珪が以前の主人に忠義を以て仕えたことを善として、長孫無忌の言を退

漢文　公独不見金之在鉱、何足貴哉。良冶鍛而為器、便為人所宝。

けます。太宗は自分が嫌な顔をしても構わず強く諫め、悪いことをするのを許さない魏徴や王珪を重用する理由を述べます。

魏徴が秘書監に任命された時、「魏徴に謀反の疑いあり」と訴え出た者がありました。太宗は魏徴に確認するまでもなく、訴え出た者を即座に斬罪にするほど、絶大な信頼を寄せます。しかし魏徴は所詮は外様でした。

その魏徴も皇帝の絶大な信頼があるとはいえ、歴戦の強者揃いの太宗の宮廷での諫言にも疲れ、足を引っ張られるのにウンザリしたのか、貞観7（633）年に病気を理由にして辞職願を出します。それを聞いた太宗は、本項のフレーズで魏徴を引き留めます。

――朕方に自ら金に比し、卿を以て良匠と為す。（**自分自身を地金とすれば、貴公は腕の良い鍛冶屋であろう**）。

と太宗は魏徴を褒め上げています。そこまで言われてはということで、いったんは辞職願を取り下げますが、改めて願い出て、重職から外れます。このあたりが潮時と魏徴は心得ていたのでしょう。見事な出処進退です。

それ以降、同僚たちへの警戒と気遣いから、魏徴は直接的に強く諫言するのを控え、時に提言書を上申する程度で過ごし、貞観17（643）年に亡くなります。

皇帝は臣下の葬儀には参列することは普通はありませんが、太宗は魏徴の死に際しては自ら弔問に訪れて、人前を憚《はばか》らず声を上げて泣いたと史書に記されています。

太宗の魏徴への寵愛ぶりに嫉妬を覚えて足を引っ張っていた重臣たちも、皇帝の魏徴への信頼の深さを改めて感じながらも、太宗が自分に仕える者たちを大切にしていることを実感し、太宗への忠誠を新たに誓ったことは疑いありません。

魏徴は現在の河北省にある鉅鹿県の出身で、子供の頃に孤児となり、道教の寺院で学問に研鑽をした苦労人です。李密に仕えた後に唐の高祖に降り、皇太子の李建成の洗馬（行列の威儀を整える先導役）として仕え、世に出ることになりました。

同時代に歴史を飾った人物　その三

李密《みつ》（582～619）

隋末の英雄の一人。

曾祖父は西魏の柱国を務め、祖父は北周の邢国公、父も隋の公爵と名門の家に生まれ、同じ李姓の唐室よりはるかに血筋が良かった。

頭脳明晰で若くして声望もあったが、煬帝に嫌われて隋の宮廷では出世しなかった。隋末の動乱期に頭角を現し、瓦崗軍を率い、一時は魏公を名乗って年号を立てた。現在の山東省、江蘇省、河南省一体を支配下におき、文武に優れた人財が李密のもとに集った。

煬帝の後に洛陽で擁立された恭帝に従って、帝位の禅譲の機会を窺っていたが、王世充との戦いに敗れ、敗残兵と共に李淵に降伏する。

唐からは祖父と同じ邢国公を授けられたが、後に謀反の疑いで斬罪となった。

太宗の「凌煙閣二十四臣」のうち、魏徴、李勣、張亮、程知節、秦瓊、尉遅敬徳などの優れた人物たちは皆、李密の部下だった。

隋末には、宇文化及（許）王世充（鄭）、竇建徳（夏）、劉黒闥（漢東）、李子通（呉）、蕭銑（梁）、林士弘（楚）、李軌（涼）、高士道（燕）、薛挙（秦）、劉武周（定陽）などの群雄は、いずれも隋に代わって乱世を統一することができる強大な力を持ったが、最後は李淵がわずかの差で抜いて唐が天下を取った。その中でも李密は最も天下に近かった人物だった。

22

トップは過ちを防ぐための「鏡」を持て

夫《そ》れ銅を以《もっ》て鏡と為《な》せば、以てその衣冠を正す可《べ》し。古《いにしえ》を以て鏡と為せば、以て興替《こうたい》を知る可し。人を以て鏡と為せば、以て得失《とくしつ》を明らかにす可し。朕《ちん》常《つね》に此の三鏡を保ち、以て己《おの》が過ちを防ぐ。【任賢第三　第三章】

銅を鏡とすれば、人の衣冠を正すことができる。昔を鏡とすれば、世の栄枯盛衰を知ることができる。人を鏡とすれば、善悪や正邪を知ることができる。私は常にこの三つの鏡を持って自己の過ちを防いできた。

貞観17（643）年に魏徴が亡くなりました。太宗は本項のフレーズを重臣たちに述べてから、涙を流して嘆き悲しみます。

——魏徴が死んで、とうとう一つの鏡をなくしてしまった。

——魏徴だけは、常に私の過失を明らかにしてくれた。彼が死んでからは、たとえ過ちを犯していても誰も明らかにしてくれない。

漢文 夫以銅為鏡、可以正衣冠。以古為鏡、可以知興替。以人為鏡、可以明得失。朕常保此三鏡、以防己過。

――魏徴亡き今、重臣各自がその誠意を尽くし、自分に悪いところがあれば、魏徴と同じように遠慮なく何でも直言して欲しい。

と太宗は懇願します。

実は、貞観初（627）年に太宗は、隋の煬帝の宮廷には虞世基（虞世南の兄）などの顕臣たちがいながら、最後まで過失を煬帝に諫言することなく、国が滅亡してしまったことを鏡として、

――人は自分の姿を照らそうとすれば、必ず明鏡を用いなければならない。トップは自分の過失を知ろうとすれば、必ず組織に忠実なメンバーたちの諫めに耳を傾けなければならないものだ。【求諫第四　第一章】

と自らの方針を明確に宣言しています。魏徴も生前たびたび、

――そもそも顔の美悪を見るには、必ず止水を鏡とし、国の安危を鑑みるには、必ず亡国を手本とするものです。【論刑法第三十一　第七章】

と太宗に諫言していました。

――組織のトップは是非とも正しく諫めるスタッフを得て、その過失を数えあげるべきだ。トップは毎日、無数にあるマネジメント業務をただ一人で処理をしなくてはならない。だから如何に力を尽くしても、どうして臣下の直言がなければ最善を尽くすことができるであろうか。魏徴はいつも私を諫め正し、その多くの過失が正確であることは、鏡が

形を映して美も悪も残らず現すようなものだ。【求諫第四　第七章】

と魏徴のように重臣たち皆も同じように直言を心掛けよと太宗が命じたのは、魏徴が亡くなる1年前の貞観16（642）年でした。

太宗は非常に威厳があり、面前に出ると重臣たちの誰もがプレッシャーに圧倒されてしまうことを自身がよく知っていて、努めて笑顔で提言や諫言に耳を傾けるようにしていました。

しかしながら、皇帝となって十数年たった頃でも、重臣たちは非常に気を遣いながら進言をしていたこと、それに忸怩たる思いで不満を募らせていた太宗の姿が浮かびます。

太宗に仕えた名臣たち　その四

虞世南《ぐせいなん》（558～638）

南朝の陳に仕え、そのあと隋に仕えたが、隋末の大乱で、当時秦王だった李世民に身を投じ、書記の仕事を受け持った。風貌は弱々しかったが、気は強く、きびしい諫言をして、李世民に重んじられた。李世民が文学館を建てた時、虞世南は弘文館学士を授けられた。

書に優れ、特に楷書が得意で、太宗が長安の孔子廟を再建した時、虞世南に記念の碑文を制作させた。欧陽詢、褚遂良とともに初唐の三大書家と称えられている。

また古今の歴史にも通じた。

「わしは虞世南と古今のことを討論して失言したが、恨むことは全くなかった。真心をもって接してくれた」

「虞世南が亡くなり、わしと書を論じる者がいなくなった」

太宗はこう言って嘆いたという。また、太宗は常に虞世南が五つのことに優れていることを絶賛した。

「一は徳行（道徳的な行為）、二は忠直（真心をもった真面目さ）、三は博学（幅広い学問）、四は文詞（言葉使い）、五は書翰（手紙）」

これから分かるように、虞世南は得難い臣下であった。

人を信頼して使うということ

23
祇《た》だ己《おのれ》の過《あやま》ちを聞かず、或《あ》るいは聞けども改むる能《あた》わざるが為《ため》の故なり。

【任賢第三　第四章】

ただ自分の過失を聞きたくないからか、あるいは聞いても改めることができないからだ。

太宗は生涯、兄である皇太子の李建成を自らの弓で射殺して、代わって皇太子となって父親の高祖から譲位を受けて即位したという負い目を抱えていました。しかし誰にも真似できない太宗の偉いところは、兄の取り巻きであった敵であっても、有能な人財ならば喜んで召し抱えたところです。

口では簡単に言えますが、昔の敵を信頼して使うことはなかなかできません。仕える方も主人の仇と考えれば、心穏やかに働くことは容易にできないはずです。

王珪は、李建成に厚遇されながらも陰謀に巻き込まれて流罪となり、李建成の死後に太宗から諫議大夫として迎えられます。諫議大夫は、皇帝に的確な直言をして諫める官職で、現代の企業で言えば社外取締役や社外監査役、もしくは監査委員会委員長をはるかに強力にし

漢文 祇為不聞己過、或聞而不能改故也。

た立場でした。

ある時、王珪は上申書で太宗を強く諫めます。それを読んだ太宗は、

――指摘した欠点は全て当たっている。昔から国家が永久に安泰であることを願わないトップはいないものだが、それが実現しないのは、
と前置きをしてから、本項のフレーズを述べます。そして、

――自分は何か過失があれば、王珪がこれからも直言をしてくれるだろうから、自分がよく聞いて改めれば、国家の安泰に繫がるであろう。

と賛辞を送ります。

この言葉は嘘ではなく、太宗は常に王珪を傍において、その諫言を喜んで聞きました。王珪はまた人物眼にも優れていると評判でした。ある時、酒宴の席で太宗の功臣たち、つまり王珪の同僚たちの人物評価を皆の目の前でするよう太宗に命じられます。王珪は、

――絶えず天子を諫《いさ》めることに心をおき、皇帝が堯舜に及ばないことは自分の恥だと思っている点では、魏徴に私は及びません。

――怠らず国のために実行力を以って尽くす点において、房玄齢に私は及びません。

――文武の才があり、将軍としても宰相としても優れているという点においては、李靖に私は及びません。

――政事について明らかで、君命を下達し、臣下の言を皇帝に伝えることに誠実な点では、

温彦博に私は及びません。
――膨大な事務処理を円滑に行う点においては、戴冑《たいちゅう》に私は及びません。
と居並ぶ重臣たちに、王珪は自分自身が優れた才能を持っているにもかかわらず遜《へりくだ》って評を述べた後、おもむろに、
――世の害悪を除いて善を挙げ、悪を憎み善を好むという点において、諸兄より私の方が一日の長があります。

太宗は見事だと改めて感心し、王珪の優れた才能と諫言をますます愛するようになりました。

組織内の仲間を立てながら、尚且つ自分自身を必要以上に低くせず、そして最後に自分の長所を嫌味なくアピールすることができる才能は、本当に器量のある人物にしかできないことです。ヘッドハンティングで重役として招かれた者や中途で採用された者が、学ばなくてならないテクニックではないでしょうか。

如何に太宗が人財に恵まれていたかを知るエピソードでもあります。

太宗に仕えた名臣たち　その五

王珪《けい》（570～639）

若い時に両親と死別し、貧しい生活を送った。隋の文帝の時に出仕したが、叔父の王頍が漢王諒の謀反に連座し、誅殺され、王珪は終南山に十数年、亡命するところとなった。

彼は、房玄齢、杜如晦と交友していたが、ある時、母親がどんな人と交友しているか見たいといって、房玄齢らを観察した。そして驚いて言った。「あの二人は宰相になる才能を持っている。お前も彼らと交際していれば、きっと偉くなれる」。

隋末の大乱で、唐の李淵が長安に入ると、李淵の臣下から推薦され、唐に仕えることになった。李淵の長子李建成が太子になると、太子の文書係となった。しかし、李建成が李世民と不和になると、高祖李淵からその責任を取らされ、流刑となった。

「玄武門の変」が起き、李世民が即位（太宗）すると、諫議大夫として呼び戻された。王珪は品格が優れ、太宗から信頼を得た。太宗がある時、王珪に臣下を評価するように言うと、王珪は、房玄齢らのそれぞれ優れた点を挙げ、彼らには敵わないが、清廉で悪を憎むことでは彼らより一日の長があると答え、太宗から褒められた（第23項を参照）。

なお王珪は、出世して財が豊になると、昔貧しい時に手助けしてくれた人やその家族に対して、恩義を忘れず報いた。

小さな気の緩みを放置するな

24

陛下の此《こ》の作《さく》工《たくみ》なりと雖《いえど》も、体《たい》、雅正《がせい》に非《あら》ず。上《かみ》の好む所、下《しも》必ず之《これ》に随《したが》う。

【任賢第三　第六章】

この作品は巧みでございますけれども、そのスタイルはあまり品良くありません。トップの好むものは、誰も皆が必ず真似をするものです。

煬帝にも秘書として仕えたことがある虞世南《ぐせいなん》は、太宗にも引き立てられて貞観7（633）年に太宗の秘書監、現代で言えば首席秘書官、秘書室長に昇進します。身体が痩せ細っていて、衣服が重そうに見えるほどの華奢な男だったそうですが、心根は剛直との評判でした。古典や歴史書について、太宗と議論を交わし、優れた文人として知られていました。

太宗が詩をつくった際、今ひとつ品格に欠けるような表現があったらしく、虞世南は憚《はばか》りなく太宗に、本項のフレーズで指摘しました。容赦なく続けて、

――この文体が世の中に広まりますと、世間の風紀は軽薄になって、皇帝の権威も損なわれた上に国家のためにはマイナスになります。人々へ知らしめよと命じられたら従わない

漢文 陛下此作雖工、体非雅正。上之所好、下必随之。

訳には参りませんが、今後も続けよというご下命ならば、命を懸けてもご勘弁願いたい。と直言したのです。

多少なりとも心得のある趣味や特技について、ズケズケと批判されると、どんなに心が広い人でも内心ではムッとするものです。ましてや文章や詩作に至っては、人格を否定されたような気分にもなりかねません。しかしながら、太宗にも思い当たる節がない訳ではなかったのか、

――虞世南のこういうところが素晴らしい、褒めてつかわす

と虞世南のように重臣たちが直言してくれれば、世の中は苦労せずに簡単に治まると絶賛します。この虞世南が亡くなった時、太宗はその死を惜しみます。

――自分に小さい善行があれば、必ずさらに立派になるようにしてくれた。小さな過失があれば、嫌な顔をせずに構わずに諫めてくれた。

虞世南が亡くなる1年前の貞観11（637）年に馬周という重臣の一人が、金銀で器物をつくらせて悦に入っている太宗に向って、節約をしないでそんな気の緩んだことをすると天下の安定を損ねますと上申書を出しました。すると太宗は、

――近頃少しばかり身辺に用いる器物をつくらせた。人々からそんなに不評であるとは思いもしなかった。これは過ちであった

とすぐに贅沢を改めたエピソードが**【論奢縦第二十五　第四章】**に記されています。ちょっと気を抜いたり、緊張が緩んだりするところも太宗の魅力の一つであったのかも知れません。

優れたリーダーは優れた右腕を持つ

25

吾《われ》、社稷《しゃしょく》の為《た》めに計るのみ。深謝《しんしゃ》するを煩《わずら》わさず。公《こう》は往《さき》に李密《りみつ》を遺《わす》れず。今《いま》豈《あ》に朕に負《そむ》かんや。【任賢第三　第七章】

国のために思ってそうしただけである。このように深謝する必要はない。貴公は李密のことを忘れなかった。今、どうして私に背くことがあろうか。

唐の高祖、太宗のもとには、天下の文武に極めて優れた英雄たちが雲霞の如く参集しました。正確には、敵方にあった者でも安易に処刑して恨みを晴らしたりせず、厚遇したことから、陸続として敵方の幕僚や将軍たちが帰順した訳です。

帰順した文官ならば魏徴や王珪は優れた文官でしたが、武官ならば李靖か李勣《せき》が筆頭でしょうか。李勣は李密のもとで大将軍の地位にあり、李密が唐に降った後も自領を頑なに守っていました。しかし、いよいよ唐に降伏しなくてはならなくなった時、李密から預かった領地なので、自分の物として唐に渡すのは筋違いであるとして、李密にまず返上した後で唐に献上するべきであると、兵士の数と戸籍を整理して唐に使者を立てました。

漢文 吾為社稷計耳。不煩深謝。公往不遺於李密。今豈負於朕哉。

唐の高祖はその真心に感銘を受け、李姓を与えて父親を公爵に叙して帰順を促し、右武候大将軍として迎え入れます。

この恩に応えて李勣は兵を率いて連戦し、遠く辺境まで遠征して突厥を破って平定した勇将として、唐を大帝国とするために多大な武功を成し遂げます。最後は英国公、兵部尚書（国防大臣）にまで昇り詰めます。

その李勣が病に倒れた時、髭の灰を煎じて飲めば治ると聞いた太宗は、自らの髭をそって薬を調合して与えました。病から恢復した李勣は、叩頭して泣いて礼を述べた際、本項のフレーズで太宗が答えました。

李密が謀反によって処刑された時、李勣は君臣の礼で喪に服し、その遺体を葬りたいと高祖に申し出ます。許可を得た李勣は李密の旧臣と兵士を集めて盛大な葬儀を行ってから、きれいに解散したことがありました。

李密に大変に世話になって引き立てられた者で、唐に帰服した者が大勢いる中、旧恩を忘れず、もしかすれば謀反に連座する可能性がある中、堂々とした李勣の振る舞いに、世間の人は李勣は義理に厚い人だと喝采を送りました。

李勣が軍においていったん命令を下すと即座に実行され、禁止すれば即座に中止させることができるほど、末端の兵士まで自由自在に指揮がとれる中国史上屈指の名将でした。

その名将を心服させた太宗は、まさに**「将に将たる器量」**を有した真の英雄でしょう。

太宗に仕えた名臣たち　その六

李勣《せき》（594?〜669）

　もとの名前は徐世勣だったが、唐の高祖李淵から国姓の李を授けられ、のち、李世民の諱を避けて李勣となった。

　隋末の大乱に、十七歳で翟譲が率いる瓦崗軍に身を投じ、頭角を現し、やがて李密の傘下に入った。李密が李淵に降ったあと、李淵に仕えた。李淵は「純臣なり」と称えている。突厥の軍を破るなど功績をあげ、その後、李淵の次子の李世民のもとで、さらに軍事的な才能を発揮し、李靖と共に全国統一に多大な貢献をした。

　太宗が亡くなり、高宗が即位すると、重用された。高宗は皇后を廃し、武照（則天武后）を皇后に立てたいと思い、臣下に下問した。重臣の長孫無忌と褚遂良は反対し、李勣はこの会議に欠席した。高宗はあきらめ切れずに李勣に下問すると、李勣は「これは陛下の家の問題です。なぜ私に聞くのですか」と答えた。これにより、高宗は武照を皇后に立てた。その後、則天武后により、長孫無忌や褚遂良は地方に左遷させられたが、これまで通り李勣は重用された。

　高句麗遠征では、総指揮官となって攻め滅ぼしたが、3年後に病死した。

2

人の声に耳を傾ける

リーダーとメンバーがもたらす相乗効果

26 惟《た》だ君臣《くんしん》相遇《あいあ》うこと、魚水《ぎょすい》に同じきもの有れば、則《すなわ》ち海内《かいだい》、安《やす》かる可《べ》し。

【求諫第四　第二章】

優れたリーダーと有能なメンバーがうまく集まって、魚と水との関係同様に親密であるならば、組織の中は必ず安定する。


太宗が即位して間もない頃の貞観元（627）年に、重臣たちに向かって、

——優れたリーダーが我欲の強いメンバーを組織内で信任すると、安定したマネジメントはできない。優れたメンバーが我欲に溢れたリーダーに仕える時も同じである。

と前置きしてから、本項のフレーズを発します。太宗は続けて、

——自分は愚かだが、幸いにも重臣の皆が自分の欠点を正して危機を救ってくれているので、今後とも遠慮のない直言としっかりとした議論の積み重ねによって、世の中の平和と安定を実現したい。

と謝意を示すと、諫議大夫の王珪がすぐに進み出て、『書経』説命篇から、

漢文 惟君臣相遇、有同魚水、則海内可安。

――どんなに曲がった木でも墨縄に従って切ればまっすぐになり、どんなトップでも諫めに従えば聖となる。

という故事を引いて、自分たちは愚か者で間違ったことやデタラメを並べて直言しているが、太宗はそんな意見でもよく耳を傾けてくれるので、今後とも全力を尽くしたいと誓いました。

それを受けて太宗は、大臣が国家の政策について処理をする際には、必ず諫官も同席させて意見を自由に進言させる決まりをつくったそうです。

現代の組織で言えば、取締役会や理事会においてマネジメントの方針を定める際は、法務や会計などの専門的な知識を有する様々なアドバイザーや社外役員を同席させて、忌憚のない議論の上で決定を行おうという仕組みです。太宗は定めただけでなく、実際にその運用を在世中に続けさせました。

太宗が述べた**「水魚の交わり」**は、

――魚は水がなければ死んでしまうが、水は魚がいなくても水に変わりない。

というあの『三国志』の中にある有名な言葉です。諸葛孔明と劉備との密接な君臣関係を説明したエピソードです。魚は劉備で、水は諸葛孔明のことです。

太宗も自らを劉備と同じく魚になぞらえたのでしょう。幸運にも太宗の泳ぐ水は劉備と違って、諸葛孔明クラスの賢臣がダース単位でひしめく大海でした。

メンバーが諫言しないという罪

27
明主《めいしゅ》は短《たん》を思いて益々《ますます》善《ぜん》に、暗主《あんしゅ》は短を護《まも》りて永く愚なり。

【求諫第四　第三章】

優れたリーダーは自分に短所や過失があることを案じて、ますます善良となり、愚かなリーダーは自分の短所や過失を隠し守ろうとして、いつまでも暗愚なままのものである。

貞観2（628）年、太宗が重臣たちに向かって本項のフレーズを述べます。そして、煬帝は能力の高い人物でしたが、自分の才能を自慢する傾向があり、加えて自信過剰な性質で、提言や指図を受けるのが嫌いであったため、宰相の地位にあった虞世基（虞世南の兄）は敢えて直言をしなかったと指摘します。

煬帝が宇文化及《うぶんかきゅう》らの側近に殺された時、諫言役の虞世基も責任を取って主人と共に死ぬべきではなかったかと太宗が尋ねます。すると杜如海が進み出て、晋の恵帝とその宰相の張華を事例として説きました。恵帝は『三国志』で有名な司馬懿の曽孫にあたります。

――米がなければ、肉粥を食べればいいじゃないか。

漢文　明主思短而益善、暗主護短而永愚

と飢える人々を見て言ったという暗愚な皇帝として、中国史に名を留めています。

無能な恵帝が気の強い皇后の尻に敷かれて政治の実権を握られ、皇后の子供でない長男の皇太子を廃した時も、張華は自分の地位を保つために恵帝に諫言しませんでした。やがて恵帝の大叔父の趙王倫が反乱を起こして皇后を殺し、張華を捕えて質しました。張華は、

——アホな皇帝を諫めても聞いてもらえないから、言わなかっただけだ。

と開き直ったところ、

——諫言をして聞き入れられなかったら、地位にしがみつかず辞職すべきではないか。

と問われてグーの音も出ず、一族共に処刑されます。諫言すべき地位にありながら、煬帝を諫められなかった虞世基も同じ罪であるという訳です。太宗はこれを受けて、

——**君暗臣諛、危亡不遠。（君暗くて臣諛《へつら》へば、危滅遠からず「リーダーがアホで、メンバーがおべっか使いばかりなら、そんな組織は長続きしない」）**。

と断じて、次のように重臣たちに向かって改めて宣言しました。

——今から、組織全体でベストを尽くし、互いに努力向上してマネジメントを成し遂げよう。皆がそれぞれ、誠意ある直言を尽くすことに努力して、私の悪いところを正して欲しい。組織におけるリーダーとメンバーが互いに切磋琢磨し合って、努力してマネジメントを向上させたい。だから何でも悪い点があれば直言して欲しい。直言が私の意志に反したとしても、すぐに怒ったり処罰したりはしない。

28

メンバーの意見に忍耐強く耳を傾ける

豈《あ》に人の言《げん》の己《おのれ》の意に同じからざるを以て、便即《すなわ》ち短を護りて納《い》れざるを得んや。若《も》し人の諫めを受くる能《あた》わずんば、安《いず》んぞ能《よ》く人を諫めんや。

【求諫第四　第四章】

他人の指摘が自分の意に添わないからといって、自分の短所を改善しない者は、他人の意見を受け入れることもできないであろう。もし人の諫めを受けることができなければ、どうして人を諫めることができるだろうか。

貞観5（631）年、太宗は房玄齢らの重臣たちに、古来の皇帝たちの多くは喜怒哀楽の赴くままに感情を露わにし、賞罰も気分次第で下したことから、世の中の乱れはトップの緊張感の緩みと我儘《わがまま》に起因すると語りました。そして、

——自分は朝早くから夜遅くまで政務に真面目に携わり、自分の勝手な言動を皆が諫めてくれることを望んでいる。そして、自分の意見を主張するならば、皆もそれぞれ自身への

漢文　豈得以人言不同己意、便即護短不納。若不能受人諫、安能諫人。

忠告についても謙虚に耳を傾けなくてはならない。

と喚起した上で、本項のフレーズを述べます。太宗は尋常でないほどの諫言好きです。皇帝として日夜政務に励み続けたのと同じく、この態度を在世中はブレずに最後まで貫き通しました。一種の強迫観念に取りつかれていたかのようです。

諫言を忍耐をもって聞き、それを実行して日々改善に取り組んでいました。そして、自分の重臣たちを含む組織に属するメンバー同士も同様に過失や欠点を指摘し合い、切磋琢磨して改善に徹せよとも主張しています。

実際に、重臣たちの間でどこまで本音でやり合うことができたかは甚だ疑問ですが、現代風に解釈すれば、組織内のコミュニケーションを高めて風通しをよくしろということです。

太宗はまた**【求諫第四　第六章】**において、

――私は今、胸の中を大きく開いて、組織に属するメンバーの遠慮ない諫めを受け入れている。誰もが怖気づいて要らぬ心を遣って、思ったことを何でも言えないことがないように心掛けている。

と重臣たちに、幾度となく諫言を求めているとアピールをしています。

自他ともに諫言好きと認めている太宗にしても、これほど忍耐強く諫言を繰り返し求めて、ようやく重臣たちから諫言してもらえるといった感じでしたので、現代に生きる組織のリーダーたちは、もっと忍耐強く、耳に痛いことを聞く姿勢を保たねばならないはずです。

29

トップが謙虚であることの難しさ

朕《ちん》、閑居静坐《かんきょせいざ》する毎《ごと》に、則《すなわ》ち自ら内《うち》に省み、恒《つね》に、上《かみ》、天心《てんしん》に称《かな》わず、下《しも》、百姓《ひゃくせい》の怨む所と為《な》らんことを恐れ、但《た》だ人の匡諫《きょうかん》せんことを思い、耳目《じもく》をして外通《がいつう》し、下《しも》の冤滞《えんたい》なからしめんことを欲す。【求諫第四　第五章】

用事がなくて暇で静かに座っている度に心の内で反省し、いつも世の中の大勢の意志に適わず、組織に属するメンバーに恨まれるのを心配し、ただ人が正しく諫めてくれるようにと思う。組織外の状況もよく考え、多くの人たちの不満やクレームを処理することができないために苦しむ者がいないようにと願っている。

貞観8（634）年、太宗が重臣たちに本項のフレーズで語りかけ、続けてボヤキます。

――最近は報告に来る者たちが緊張しているのか、恐れているのか、ビクビクして言葉を言い間違え、しどろもどろになっていることがある。日常の報告がこんなであれば、強く諫めようとすると、逆鱗に触れて私が怒り出すのではないかと思っているに違いない。

漢文 朕毎閑居静座、則自内省、恒恐上不称天心、下為百姓所怨、但思人匡諫、欲令耳目外通、下無冤滞。

だから、進言する者の意見が私の心と合わなくとも、それに反論したりしなかった。怒って責めたりすれば、誰もが私を恐れ、何の諫言もしなくなると思っている。

そして、7年後の貞観15（641）年、太宗は魏徴に次のように漏らしました。

――近頃は朝廷に仕える者たちが、誰も意見を言わないのはどうしてであろうか。

魏徴は太宗の公平無私の心が分からぬ者や、意見を具申する者に非がありますがと断った上で、

――**未だに信用されていないのに諫めれば、悪口と誤解されます。信用されていても諫めないのは給料泥棒と責められます。**

と『論語』子張篇の故事を引いて、誰もが命や官職を惜しんで嫌なことはトップに言わないで過ごしているものですと指摘します。太宗はもっともだと同意しながら、諫言した者を殺したりしないが、如何に安全であると言い含めても、進んで誠意を尽くして諫言するような者は得難いということを痛感していると魏徴に話します。

――恐れることなく、余計なことを心配せず、思うままに遠慮なく何でも諫言せよ。

と太宗は重ねて命じます。太宗の治世も半ばを過ぎた時期であっても、まだまだ本当の意見をトップに進言することは難しかったということです。

現代において、10年以上忍耐を続けて謙虚であろうとするなどと、そんな悠長なことは言っていられないという声を聞いたら、さぞ太宗も苦笑を禁じ得ないでしょう。

30

トップが危機を感じるべきタイミング

朕《ちん》が為《な》す所の事、若《も》し当たらざる有り、或いは其《そ》の漸《ぜん》に在り、或いは已《すで》に将《まさ》に終わらんとするも、皆《みな》宜しく進諫《しんかん》すべし。【求諫第四　第八章】

私の行為に、もし適当でないものがあれば、その兆しが初めであれ、終わりであれ、直ちに皆で進んで諫めて欲しい。

貞観17（643）年、太宗は褚遂良《ちょすいりょう》に、古代の聖王が少しばかり贅沢な漆器をつくらせたら、何十人もの賢人から諫言を受けたそうだが、たかだか食器くらいでなんだと語気を強めて尋ねました。これに対して褚遂良は次のように答えます。

――漆器づくりや彫刻の細工のために農事が疎かになってはいけません。贅沢も過ぎると食器は金でつくりたい、玉でつくりたいというようになるでしょう。滅亡への第一歩です。諫める者は、まず贅沢をしようとする兆しがある時、つまり初めの段階で諫めなくては効果がありません。贅沢が頂点に達してしまってからでは、諫めても手遅れだからです。

漢文 朕所為事、若有不当、或在其漸、或已将終、皆宜進諫。

それを受けて太宗が本項のフレーズを述べ、隋が滅んだのもこういったことであったとようやく納得します。直言する者が現れても

――既に着手してしまいました。

――既に許可してしまいました。

という声が上がり、始まってしまった新規事業や人事発令が諫言によって覆ることがないということの積み重ねが、組織の滅亡を招き寄せてしまうのだと太宗は断言します。

現代企業において、設備投資やM＆A、海外や異分野への進出など、綿密なデューデリジェンスをして、石橋を叩いて渡る思いで決定がなされて始まったプロジェクトは、止めることなどとてもできないことです。

これは大変になると心では思いながらも、職を賭けて止めるような勇気のある人間など、ほとんどいないのが現実です。全てが失敗に終わった時、他人事のように、

――うまくいかないと思っていた。

――みんな無理だと分かっていた。

としたり顔で言う者がいますが、この手の輩が組織に巣食う害虫であることに、当人が一番気付いていないことが多くあります。

異論を唱える者がいないと感じた時、組織のリーダーは警報が鳴っていると感じなくてはなりません。

31

トップに求められる言行一致

郭君《かくくん》は善を善とすれども用うること能《あた》わず。悪を悪とすれども去ること能わず。滅びし所以《ゆえん》なり。

【納諫第五　第一章】

郭のトップは善を善としたけれども、その善を用いることができず、悪を悪としたけれども、その悪を除き去ることができなかった。それが滅亡した理由である。

諫議大夫の王珪のその巧みなアドバイスのテクニックについては、『貞観政要』の随所で知ることができます。

貞観元（627）年に王珪は、次のエピソードを用いて太宗へ諫言します。

春秋戦国時代の覇者である斉の桓公に滅ぼされた郭という国が、どうして滅んだのかと桓公が尋ねると、郭の古老が答えます。

――郭の君主は、善を善として、悪を悪としたからです。

――ならば郭の君主は名君ではないか。

漢文 郭君善善而不能用。悪悪而不能去。所以亡也。

と桓公が訝《いぶか》しむと、古老は本項のフレーズで説明しました。

これを聞いた太宗は膝を打ち、隣に立ち控える美女を見上げながら、ハッと気が付きます。実は太宗のお気に入りの美しいこの寵姫が、いつも侍っているのを見かねての王珪の婉曲な諫言でした。この寵姫は盧江王李瑗《ろこうおうりえん》の愛妃でした。李瑗は唐の高祖の従兄の子で、太宗の兄と仲が良かったことから「玄武門の変」で失脚します。太宗が、

――盧江王は他人を殺害してその妻を奪った無道な男だ、だから滅びて当然だろう。

と豪語するのを聞いて、王珪は他人の妻を奪うことの是非を太宗に問うと、そんな非道は許されないとはっきり即答しました。そこで郭君の話を持ち出し、太宗は自分のことを棚に上げていたことにようやく気付いた訳です。この寵姫は大変に美しい人だったのでしょう。

――その婦人をお側においておく行為は、悪を悪と知っても取り除かないのと同じです。

との指摘を受けた太宗は、至極もっともと反省し、すぐにその美人を実家へ帰したそうです。

太宗は酒はあまり飲めなかったようですが、他の皇帝たちと同じく女性はかなり好きだったようです。煬帝の娘や、自分が殺害した弟の妃なども後宮に入れています。大勢の愛妃たちとの間に、14人の皇子と21人の公主をもうけています。

皇帝としての政務が身体を蝕んで51歳で亡くなりましたが、夜の活動もかなり激しかったのかも知れません。まさに**「英雄色を好む」**を地で行っているのも太宗の魅力の一つです。

32

どれだけ仕事に没頭できているか

比《このごろ》、上書《じょうしょ》して事《こと》を奏《そう》する有り。条数《じょうすう》甚《はなは》だ多し。朕《ちん》総《すべ》て之《これ》を屋壁《おくへき》に黏《ねん》し、出入りに観省《かんせい》す。孜孜《しし》として倦《う》まざる所以《ゆえん》は、臣下の情を尽くさんことを欲すればなり。

【納諫第五　第二章】

このごろ提案書が出るようになり、その数も非常に多くなった。これを全て家の壁に貼り付け、出入りの度によく見ている。このようにして努力を怠らない理由は、組織に属するメンバーたちの心情を十分に尽くさせようとしたいからだ。

貞観3（629）年、太宗は司空という大臣職にある裴寂《はいせき》に、本項のフレーズを語り聞かせ、同じように職務に励むよう期待しています。

宮殿内の執務室から寝室に戻ってからも、仕事のことばかりを考えて、世の中の平和と安定を考えていると深夜になってしまうほどだとも太宗は言っています。太宗は自分の部屋に、臣下からの上申書、つまり提案書を張り付けているほか、官僚たちの一覧を屏風に張り付け、

漢文 比有上書奏事。条数甚多。朕総黏之屋壁、出入観省。所以孜孜不捲者、欲尽臣下之情。

寝起きするたびにそれを眺めていると【論択官第七 第二章】にあります。

――私は毎晩いつも世の人々のことを考え、時には夜半になるまで寝付けないことがある。

ただ、地方の行政官が人々を大切にしているかと案じている。

と太宗は語っています。

都督や刺史は、企業に置き換えれば本社から離れた地方にいる支社長や子会社の社長です。そこで社員や取引先、顧客に対して、しっかりと職務を果たしているのかといつも心配しているという訳です。30歳前に即位したとはいえ、こういった激務を重ねていれば、太宗が50歳を越えたばかりで亡くなったのも当然です。今でいう過労死でしょうか。仕事中毒であったことは間違いありません。

『三国志』で有名な諸葛孔明も、五丈原で司馬懿と長期にわたって対陣した際においても、夜遅くまで仕事をし、細かなことまで一つひとつ決裁していたといわれています。孔明も54歳で亡くなっています。

中国の歴史を読み返して気付くことの一つに、歴史に名を残す英雄や偉人たちの寿命が極めて短いことがあります。もちろん医療事情や衛生環境などの進歩の恩恵を受けている現代人からすれば、そう思えるのも仕方ないことかも知れませんが、果たしてそれだけなのかとしばしば思うことがあります。命を削って成し遂げた足跡を安易な気持ちで辿《たど》ることはとてもできないという思いにかられます。

度量の大きなリーダーになれ

33

勉励して此《これ》を終え、範《はん》を将来に垂《た》れ、当《まさ》に後《のち》の今を観《み》ること、今の古《いにしえ》を視《み》るが若《ごと》くならしむべし。亦《また》美《び》ならずや。

【納諫第五　第五章】

勉励してこの精神を全うして手本を将来に示し、後世の人が今の世を見るのと同じように、今の人が古代を見ることができるようにせよ。そうすれば何と良いことではないか。

太常卿という帝室の祭祀を司る大臣職にあった韋挺《いてい》が、太宗の政治の善し悪しについての上申書を提出しました。それを読んだ太宗が、大変良い内容で率直な提案に感心して、返書を与えました。その返書には、後世の人が自分たちの時代を見た時に手本となるようなことがあれば、なんと素晴らしいことであろうかと述べ、近頃は自分の過失について聞くことがなくなっていたので、嬉しかったと認《したた》めました。

後世の人たちが自分たちを見るように、自分たちが古代を見るようにと記し、自分たちの時代から千年ほど前の斉の桓公の故事について触れています。

漢文 勉励終此、垂範将来、当使後之観今、若今之視古。不亦美乎。

管仲が仕える斉の公子糾《きゅう》が、弟の公子小白（桓公）と後継者争いをした時、管仲が待ち伏せして小白を弓で射て暗殺しようとしました。その矢は小白のベルトにあたり、死んだふりをしてその場を逃れた小白は、先回りして斉に入って即位し、管仲らは捕らえられます。「**管鮑の交わり**」で有名な管仲の友である鮑叔牙《ほうしゅくが》が桓公小白に仕えていて、天下の覇者になるならば、管仲を許して重臣に取り立てるべきだと進言します。桓公はその言を採用して、管仲は大宰相として桓公に天下を取らせることになります。

実は、この桓公と管仲の故事と全く同じことが、太宗と魏徴の間であったことは当時も広く知られていましたので、あまりにも魏徴への寵愛と信頼が強過ぎることを妬んで、意見を言う者がありました。

太宗の魏徴に対する評価の言葉として、**【任賢第三　第三章】**に次のように記されています。

——貴公の罪は鉤《おびがね》に中《あて》た罪より重く、自分が貴君を信任することは、桓公が管仲を信任したことよりも越えまさっている。近頃の君臣間で互いに気が合って信頼するということでは、自分と貴公との関係に似たものが他にあるだろうか。

敵であっても優れた人財を召し抱えることは、大きな仕事を成し遂げるためには必要なことであり、そういった度量がある者こそ真のリーダーであるという訳です。

太宗が崩御してから１４００年近く経つ現代において、太宗のような度量のあるリーダーが、どこかの国や企業に、果たしているものでしょうか。

34

人財には徹底的な心配りをする

古人称《こじんしょう》す、一言《いちげん》の重き、千金に侔《ひと》し、と。卿《けい》の此《こ》の言《げん》、深く貴《たっと》ぶに足る。

【納諫第五　第六章】

古人は「一言の価値の重いことは、千金と同じである」と言っている。貴公の言葉は、非常に尊重する価値がある。

後に右衛大将軍にまで出世した李大亮が、現在の甘粛省あたりの涼州の都督を務めていた時、素晴らしい鷹を李大亮が持っているのを見た都からの使者が、太宗に献上してはどうかと勧めました。

遠い地の果ての任地から中央へ転任するためには、皇帝の覚えめでたい方が良いという親切心からであったかも知れませんが、李大亮は使者には内密で、直ちに太宗へ密書を送ります。

――長らく狩猟を取りやめておられると聞いておりましたが、使者が鷹を陛下に献上せよと言っております。もしや陛下のご意志ならば、それは言行が一致しません。もし使者の独断であれば、この者は使者として相応しい人物ではありません。

漢文 古人称、一言之重、侔於千金。卿之此言、深足貴矣

これに対して太宗は返書を下しました。その中には、

——文武の才を兼ね備えて強い意志を持つ李大亮だからこそ、異民族の多い遠隔の地を治めるに相応しい人物として重職を担わせた。日頃より評判の良いことは遠く都まで聞こえていて、その忠勤ぶりは寝ても覚めても忘れたことがない。

と認《したた》めてあり、さらに遠い地から直言の手紙を送ってきたことに感激した太宗は、褒める気持ちを抑えることができず、李大亮のような人物がいれば何も心配することはないと絶賛します。

そして、昔の人の言葉であるという本項のフレーズで、李大亮の忠誠心を褒め、金の酒器と金の椀とを一個ずつ下賜しました。そこには、

——これは千鎰の重さはないけれども、私がいつも使っている大切な物だ。

と書き添えられていました。さらに太宗は、遠い僻地での任務にも忠実であることから、いずれ要職に引き上げるとした上で、それまでに時間のある時に読んでもらいたいと、荀悦の『漢紀』三十篇を送ります。

太宗は、その本には政治のやり方の本質がまとめてあり、君臣の義についてよく記されているので研究せよと丁寧に申し渡しています。

第32項にあるように、寝るのも惜しんで、遠くを任せている人財に心配りをしているというのは、嘘ではないと思わせるエピソードです。

35

いたずらに財を追い求めるな

若《も》し陛下の恵《めぐみ》、四海に及ばば、
則《すなわ》ち求めずして自ら至らん。
求めて之《これ》を得るは、貴ぶに足らざるなり。

【納諫第五　第八章】

もしトップの恩恵が世界中に及んだのならば、財宝を求めなくても自然にやってくるでしょう。求めて得たのでは貴ぶ価値などありません。

貞観年中、太宗は、突厥《とっけつ》（トルコ系の異民族）の葉護可汗《ようごかがん》を西域の支配者として認める使者を送りました。使者が帰る前に別の使いに金や絹を持たせて、太宗は馬を求めさせました。西域は名馬を産することで昔から知られていました。すると魏徴が進み出ます。

――使者を派遣して可汗を立てようとしている最中にもかかわらず、西域諸国で馬を買わせています。西域の人々は地域の平和を求めているのではなく、皇帝は良い馬を買うことが目的だと誤解するでしょう。葉護可汗も恩を感じることはないでしょう。さらに他の異民族もこの話を聞けば、唐を重んじることはなくなるはずです。彼らの国が安泰とな

漢文　若陛下恵及四海、則不求自至。求而得之、不足貴也。

れば、自然と諸国の馬や財宝などが、こちらが求めなくてもやってくるようになります。

漢の文帝が献上された千里の馬を辞退した逸話、後漢の光武帝が同じく良馬と宝剣を献上された時に我が物としなかった話に加え、魏の文帝（曹操の息子・曹丕）が西域に大きな珠を求めさせた際、大臣の蘇則が本項のフレーズで諌めた話を魏徴が持ち出して、

——漢の文帝の真似はできなくとも、蘇則の正しい進言を恐れないで宜しいのでしょうか。

と畳みかけると、太宗は慌てて馬を買いに行かせた使者に帰国命令を出したそうです。

組織のトップは組織に属するメンバーと視座が違いますので、遠くまで見渡すことができます。決して人間としての能力に差がある訳でなく、座っている位置の高低差があるので、遠い先まで見ることができて、自然といろいろな案や計画を持つことができる訳です。

そうなると、少しでも早く腹案を実現しようと躍起になるのは、人間として当然のことです。それがマネジメントに直結することであれば理解と支持を得ることができますが、趣味や嗜好に関わることになると意見が分かれるものです。

皇帝にとって、良馬は威厳を示すのに重要なアイテムであったでしょうし、戦争の際には駿馬は欠かせないという理由は付けられるでしょうが、物事には順序というものがあります。

先走るトップの手綱をしっかりと握って、逸《はや》る気持ちを鎮めさせて、その点について提起することができたのは、魏徴のような側近たちの日頃からの冷静な目と適確な判断があればこそではないでしょうか。

組織を長く保つための心掛け

36

丘《きゅう》、桀紂《けっちゅう》の君を見るに、乃《すなわ》ち其の身を忘る。

【君臣鑒戒第六　第一章】

「夏の桀王や殷の紂王というトップの行いを見ると、自分自身を忘れて身を滅ぼしている」と孔子は言っています。

貞観6（632）年、太宗は重臣たちに善行と寿命の長さについて問いかけます。

――周も秦も国が興り天下を得た成り立ちは似ている。しかし、周は善政を行って700年も続く王朝となった。秦は贅沢を好んで刑罰も重くしたので、二代で滅んでしまった。

――身分の低い男に、「お前は夏の桀王や殷の紂王みたいな奴だ」と言えば侮辱になるが、帝王に対して、「あなたは孔子の弟子の顔回や閔子騫（共に身分は庶民）のような優れた方です」と言えば栄誉になる。帝王として恥ずかしくなる話だが、自分は手本として戒めている。また世間の人々に笑われはしないかといつも心配している点である。

すると魏徴が進み出て、魯の哀公と孔子の間になされたエピソードを引用します。

漢文　丘見桀紂之君、乃忘其身。

魯の哀公が「家を引っ越した時に妻を置き忘れた愚か者がいるそうだ」と大笑いして孔子に面白話をした際、孔子は眉も動かさずに「物忘れと言えば。もっと酷い人がいます」と前置きして本項のフレーズで哀公を諫めました。

つまり、「妻どころか自分自身を忘れて国を亡ぼした」という先例は、決して歴史の話ではなく、気を緩めればいつでも起こり得ることだと魏徴は太宗に注意を喚起します。また別の席で、魏徴は太宗に次のような話をします。

――斉の桓公が三人の功臣である管仲、鮑叔牙《ほうしゅくが》、甯戚《ねいせき》たちと酒宴の際、お祝い気分で桓公が軽口を叩いた時、桓公に「即位する前の苦労の時代を」、管仲に「処刑されそうになった時のことを」、甯戚に「牛者を引いていた日々のことを」それぞれ忘れないで欲しいと鮑叔牙が諫めると、桓公は感じ入って威儀を正してから「この四人で政務にあたれば、国家に危険はない」と言ったそうです。

これを受けて、太宗は述べました。

――自分も皇帝になる前の頃を忘れまい。皆も鮑叔牙の人柄を忘れないようにして欲しい。

現代の企業において、創業メンバーたちに今でも当てはまるエピソードです。内輪での他愛のない発言の中に、緊張の緩みの芽があるものです。皆がほろ酔い加減のお祝い気分の時に、資金繰りに苦しかった頃の話を出せば、空気の読めない野暮な奴と嫌がられるでしょうが、組織のマネジメントに携わる者には、こういった緊張感こそが最も必要です。

37

公平でバランスのあるマネジメント

惟《た》だ徳と仁とは、願わくば陛下自ら彊《つと》めて息《や》まざれば、必ず致す可《べ》きなり。

【君臣鑒戒第六　第三章】

徳とか仁とかは、トップ自身で努めて励んで下されば、必ず体得することができるものです。

貞観15（641）年、太宗は次のように魏徴に問いかけました。

――自分の欲望に打ち克って政治をなし、昔の偉人の功業を仰ぎ慕い、徳を積み、仁を重ね、功績を立て、国の利益を厚くする、この四つのことについては、私は皆これを実行した。

魏徴は答えます。

――徳、仁、功、利はもちろん実行されています。特に、世の中に統一と平和をもたらしたのは陛下の功績です。

と褒め上げた上で、本フレーズで徳と仁は成し遂げるには終わりがない道であることから、これからもまだまだ努力をするようにと戒めています。

漢文 惟徳与仁、願陛下自彊不息、必可致也。

太宗は何かあるとすぐに己惚《うぬぼ》れることがややあるようで、この時も魏徴に褒められると思って発言したのかも知れません。こういった己惚れこそ、善政を崩壊させるもとであることを魏徴はよく理解していました。

「仁」と「徳」とは現代マネジメントにおいて、どう解釈すればよいでしょうか。

――**仁者のみがよく人を愛し、よく人を悪む。**

と「仁」は『論語』の里仁篇にあるように、

――**公平に人を評価する。**

と大胆に翻訳しても良いでしょうか。「徳」は同じく里仁篇に、

――**徳は孤ならず、必ず隣り有り。**

という孔子の言葉がありますが、仁義礼智信の五徳があり、それぞれが単独で成り立っているのではなく、相互に関係があり、さらに孝、悌、忠の実践でなるものとされています。つまり、公平でバランス感覚を心掛けてマネジメントを実践するのが、仁徳あるトップであると個人的には解釈しています。

また、仁徳のあるマネジメントは、ピーター・ドラッカーの言葉を借りれば、

――マネジメントとは人に関わるものである。その機能は人が共同して成果をあげることを可能とし、強みを発揮させ、弱みを無意味にすることである。

1400年前の太宗は、これを見事に実現したマネジメントを大規模に行っていました。

38

君子は乃《すなわ》ち能《よ》く徳を懐《おも》い、小人は恩を荷うこと能《あた》わず。

【君臣鑒戒第六　第四章】

立派な人物は、人から受けた恩恵をいつまでも忘れずに心に秘めているものですが、心のひねくれている小者は、恩を忘れずにいることができないものです。

貞観17（643）年、太宗が重臣たちに

——昔から創業の君主の子孫になって、世が乱れるのはどうしてなのか。

と問いかけると房玄齢が進み出て答えます。

——創業者の子孫たちは子供の頃から豊かな環境で苦労せずに成長しますので、世の中の真偽を見極めることを学ぶ機会がなく、国家を治めるには何が安全で何が危険かを見極めることを知りません。これが政治の乱れが多くなる原因ではないでしょうか。

太宗はいくらか怪訝な表情を浮かべて、

——それは皇帝の子孫にやや厳し過ぎる意見ではないか。自分は功臣の子弟にこそ責任があ

漢文 君子乃能懐徳、小人不能荷恩。

るのではないかと思う。その多くは才能もなく品行が悪い。先祖の勲功のお陰によって高位に遇されているのに、徳義も修まらず贅沢を貪っている。

と指摘して、隋の建国の功臣である楊素や宇文術の息子たち（楊玄感と宇文化及のこと）を見ればよく分かるとして、太宗は、

――皆も子弟たちをよく戒めて励まし、正しい道から外れて罪を犯すことがないようにして欲しい。そうすれば、国家全体の利益になるであろう。

と要請します。また、太宗は別の機会に、重臣たちに尋ねます。

――煬帝によって最高位の大臣である柱国にまで取り立てられながら反乱を起こした楊玄感、煬帝に側近として親しく仕えながら最後は裏切った宇文化及などは、皇帝によって恩を受けた者たちにもかかわらず、なぜ皇帝に反逆するようになるのか。

後に宰相となる岑《しん》文本が進み出て、本フレーズで答えて解説します。

――功臣の息子とはいっても楊玄感も宇文化及などは小人、即ち心の曲がった人間なので、自分たちが今日どうしてその地位や身分にあるかということを忘れて、全く自分が悪いことをしていると思わないで反逆や裏切りなどを平気で行うものです。

小人の多いことは、現代の企業においても全く変わりません。このような無様な状況を太宗が見れば、さぞため息をついて嘆くことでしょう。

39

理《り》を致すの本《もと》は、惟《た》だ審《つまび》らかに才を量《はか》り職を授け、務めて官員を省くに在《あ》り。

【論択官第七　第一章】

マネジメントの基本は、ただ才能をよく見極めて、その人に最適なポジションを授けて省人化を心掛けるべきことにある。

20世紀後半に世界を席巻した日本製造業は、21世紀に入ってから衰退する一方のような論調が大勢を占めています。日本の優れた工作機械メーカーやパーツメーカーがなければ、東アジアの巨大製造業は成り立たないのが現実であるにもかかわらずです。

人はもともと外観だけで判断する傾向があるものですから、完成品を見ると日本製造業の凋落ぶりを感じてしまうのでしょう。また、日本のGDPにおける製造業比率が2割に落ち込んでいることも危機感に表れているのかも知れませんが、日本製造業の現場では最盛期の4、50年前頃以上に徹底した省人化が進められています。

問題は生産現場以外の日本企業において、どれくらい省人化が徹底され、生産性がアップ

漢文 致理之本、惟在於審量才授職、務省官員。

しているかという点です。少しばかり市場環境が好転して業績が上向くと、すぐにもっともらしい理由で人手不足を嘆くのは非生産現場に身を置く人々の常です。

「働き方改革」や「生産性向上」が声高に叫ばれる現在の日本で、労働強化を正当化するような発言は許されません。また、組織に属するメンバー一人ひとりの貴重な人生の時間を拘束するようなことは、本来ならば組織のリーダーは許してはなりません。

金を払って雇ってやっているのだから当然だと考えるような経営者が、まだまだ日本にたくさん存在します。それがおかしいということに気付かない経営者が多くいます。

3000年以上前に著された『書経』には、

——役職に任ずるには、ただ優れた人財だけを用いるようにせよ。

——役職は必ずしも備えておくべきものでもなく欠員であっても構わないが、ただ、その役職に相応しい人があれば任じたらよい。

と、本項のフレーズに続けて記されています。

現代の組織マネジメントを見事に喝破しているというか、むしろ人間が全く成長、進化していないことの証明のような名言の一つです。

「適材適所」が以前から声高に叫ばれていますが、本当に大切なのは「適所適材」の組織マネジメントです。「人がいない」という妄言が恥ずかしいと思わなければ、リーダーの資格はありません。

「人財が不足している」という嘘

40 前代の明王《めいおう》、人を使うこと器《き》の如《ごと》くす。才を異代《いだい》に借《か》らずして、皆、士《し》を当時に取る。

【論択官第七　第三章】

昔の優れたトップは、人を使うに際してそれぞれの器量に応じて使った。才能のある人物を別の時代から借りてきたものではなく、皆その時代にいる人の中から優れた人財を見つけ出している。

貞観2（628）年、太宗が尚書省の次官であった封徳彝《ほうとくい》に次のように問い質しました。

――平和な国づくりの根本は、優れた人財を得ることにある。有能な者を推挙するように命じたのに、誰一人も推薦していないではないか。

すると封徳彝が恐懼しながら、

――最近は特段に優れた優秀な者が見当たりません。

と言い訳をしたところ、太宗が本項のフレーズで諭します。

――殷の高宗が後に名宰相となった傅説《ふえつ》に、周の文王が同じく名宰相で知られた呂尚《りょしょう》に出

漢文 前代明王、使人如器。不借才於異代、皆取士於当時。

逢ったという故事があるが、そういう奇跡のような話、そのような人物を待ってから、政治を行おうとするのか。いつの時代にも賢才はいるはずだ。それを見つけずに放っておいて知らないということでは心配である。

と太宗が述べると、封徳彝は、赤面して宮廷から急いで退出してしまったそうです。これは現代においても全く変わらない真理の一つです。

——昔は豪快な人がたくさんいた。

——あんな立派なサムライみたいな人は二度と現れないだろう。

といった類の話は、よく耳にします。時代時代の風潮によって、活躍の場を得られる人、チャンスに恵まれる人はいるものの、優れた才能を持つ人、愚かな行動をする人は、いつの時代の社会や組織の中にも必ずいるものです。

些細なことが鼻について、人財を使い捨てにする組織のトップや、「人財がいない」というのが口癖になっている経営者、傍から見れば立派な人財がいるにもかかわらず自分の見る目がないので気が付かない**「灯台下暗し」**のような話は枚挙に暇《いとま》がありません。

中国史上のみならず世界の歴史上においても太宗は、稀に見る名君です。

封徳彝も非常に優秀な官僚です。恐らく古典の知識や官僚としての経験においては、太宗をはるかに凌駕していたでしょう。しかしながら、トップリーダーの太宗には分かっていても、トップに仕える封徳彝には分からない極めて重要な真理があるのです。

「守成」の時代に必要な人財登用

41

但《た》だ乱代《らんだい》は惟《た》だ其《そ》の才を求めて、其の行いを顧みず。太平の時は、必ず才行《さいこう》倶《とも》に兼ねるを須《ま》ちて、始めて之《これ》を任用す可《べ》し。

【論択官第七　第六章】

乱世には才能だけを求めて、その言行を考慮しないで採用します。太平の世ならば才能と言行を兼ね備えた人が現れるのを待って、それから任用するべきです。

貞観6（632）年、太宗が魏徴に人の任用について、次のように尋ねます。

——昔の人は、トップたる者は官のために相応しい人を選ぶべきであって、軽々しく人を採用してはならないと言っているが、天下の人々は私の言動をしっかりと見ている。善《よ》いことを行う人物を採用すれば、誰もが善行に励み、誤って悪事に長けた人物を採用すれば、悪人が争って進み出てくる。報奨が正しければ功績のない者は隠れ退き、処罰が正しければ悪巧みをする者は恐れ慎む。だからこそ賞罰というものは軽々しく行ってはならない。同様に、人を用いるにはよくよく慎重になって選抜しなくてはならないと思う

漢文 但乱代惟求其才、不顧其行。太平之時、必須才行倶兼、始可任用之。

が、どうであろうか。

この問いに対して魏徴は、

――人物を見定めるというのは昔から難しいものです。功績や人柄をまず調べますが、やはり人を求めるならば必ず素行調査をするべきであり、善人を採用して仕事ができなくても組織に大きな害はありませんが、誤って悪人を採用した場合、仮に仕事の処理能力が高かったりすれば、かえって大きな害をまき散らすことになります。

と説明をした後に本項のフレーズで、どのような人物を採用するべきであろうか、太宗に進言をします。

太宗の反応は『貞観政要』に記されていませんが、この魏徴の言葉が記載されていることから、太宗の意に叶って、その方針で人財登用と任用が行われたのでしょう。

確かに日本においても幕末から明治にかけての黎明の時代や、第二次世界大戦後の混乱と発展の時代において活躍した人物の中には、荒くれ者や素行の悪い者は大勢いましたが、その逞しい生命力こそ即断・即決・即実行の強力なる原動力となりました。

それは「創業」の時の資質であり、「守成」の時の資質としては、バランス感覚ともいうべき調和の精神が、優れた能力に加えて必要になるでしょう。しかしながら、やや保身に走り過ぎてしまうと、姑息に見えてしまう危険もあります。

地方組織の人財マネジメント

42

天下を理《おさ》むる者は、人を以て本《もと》と為《な》す。百姓《ひゃくせい》をして安楽ならしめんと欲せば、惟《た》だ刺史《しし》と県令とのみにあり。

【論択官第七　第七章】

世の中を治める者は、人を根本とします。人々に平穏な暮らしをさせようと思うならば、それは州の長官と県の知事の人選にこそあります。

貞観11（637）年、検察官の馬周が太宗に、本項のフレーズから始まる提言書を出します。続けて、次のように提起します。

——今、県知事の数は極めて多くて、全てが立派な人物ではあるとは限りません。もし州ごとに優れた長官を得たならば、州内の全ての人々、即ち県下の人々は幸せに暮らせるでしょう。州の長官が全て陛下の意向に従って善政を敷けば、陛下は朝廷において座っているだけで、人々の暮らしを心配する必要はございません。

古代中国の国家は、地方は郡県制、つまり郡と県の二段階に分けて中央から派遣される役

漢文　理天下者、以人為本。欲令百姓安楽、惟在刺史県令。

人によって統治される仕組みで支配する中央集権の体制を採用していました。

秦の始皇帝は中華を統一した後に全国を36郡に分け、その下に県を置きました（日本はその制度を模倣して国郡制とし、明治になって国を県としたため、郡県制とは逆に県郡の序列となっている）。やがて人口も増えたことから、漢の武帝は全国を13州に分けて、その下に郡と県を置く制度に改めます。

隋の煬帝は州を廃止しますが、唐は郡を州と改めて、州の上に道という行政単位を設置します。太宗の時代には10の道、約350の州、およそ1550の県があったそうです。

唐は遠くシルクロードの果てまで支配した大帝国です。巨大な組織でしたが、現在の日本企業に置き換えれば、10ヶ国以上に進出していて、営業、製造、研究の拠点を何百と持ち、何千といった代理店を抱えている企業のようなものでしょう。ですので、そういう観点から、企業は大唐帝国のマネジメントを応用できる素地があります。

馬周は太宗に説きます。古来から州長官と県知事は賢才を選びましたが、そこから抜擢して宰相とする前に必ず試しに県知事として直接人々を治めさせたこと、また州の長官として成功した者を中央政府の高官に任命したことから、

――朝廷は中央政府の官僚だけを重じるだけではなく、地方官僚の選考を軽くしてはなりません。地方官僚を通じて地方の細かな人事までしっかりと行うべきではないでしょうか。

と中央政府の目の届く範囲で、しっかりと人選を行う必要性を訴えます。

地方組織の末端はそれぞれを統轄する者の裁量に任せて人財育成をし、その中で地方組織をマネジメントできる者が育てば良いという考え方です。

中央が全国くまなく地方組織の末端まで人選を行うことは、大帝国であるからこそ無理があると指摘している訳です。太宗は、

——州の長官は私自身が適任者を選ぼう。県知事は五人以上の中央官僚に命じて各自に一人ずつ推挙させよう。

と決めました。

現代企業に置き換えれば、部門及び地域を統轄する責任者は経営トップが自ら任命し、部門を構成する中小単位の組織、地方の営業所長や工場長は、役部門及び地域を統轄する責任者一人ずつに推薦させようという訳です。現代マネジメントにおいても理に適っています。

馬周《ばしゅう》（601〜648）

博州（現在の山東省）の生まれで、子供の頃に親を失って貧しかった。学問を好み『詩経』『春秋』にも詳しかったことから、高祖の武徳年間に州の助教に任命されたが、性に合わなかったのか酒びたりとなり、職を辞して各地を転々としたがいつも酒で失敗した。やがて都の長安へ上り、中郎将の常何の食客におさまった。

貞観5（631）年、太宗が五品以上の文武百官に政治について上申書を出させた時、常何から提出された二十ヶ条余りの意見書が最も優れていた。そこで太宗は常何を召し出して細かな質問をしたところ、シドロモドロの答えしかできない。そこで太宗が常何を質すと、食客の馬周に代筆してもらったと答えたことから、馬周を召し出された。

馬周は頭の回転が早く、弁舌巧みで、能吏として太宗の信頼を勝ち得て中書令にまで出世し、太子治の教育係にまでなった。しかしながら太宗が崩御する前年に、大酒飲みらしく糖尿病のため48歳で亡くなり、昭陵に葬られた。太子治は即位すると、尚書右僕射の位と高唐県開国公の爵を追贈した。

馬周が身一つで都へ流れ着いた時、はじめ饅《マン》頭《トウ》を売る女の厄介になった。その女から身を寄せる先として中郎将の常何を紹介してもらった。常々この饅頭売りの女は、長安の人相見たちから「あんなに素晴らしい福相なのに、こんなところでなぜ働いているのだろう」と不思議がられるほどだったが、出世した馬周の妻となった。

能力のある者は自分自身を知る

43

且《か》つ衆《しゅう》に選び能《のう》に授くること、才に非《あら》ざれば挙《あ》ぐる莫《な》し。天工《てんこう》、人《ひと》代《か》わる、焉《いず》くんぞ妄《みだ》りに加う可《べ》けんや。

【論択官第七　第八章】

多くの人の中から選んで有能な人物に役職を授けようとするならば、才能のある人でなければ登用してはならない。天の仕事を人が代わって行うものがリーダーと考えれば、才能のない者に安易に役職や地位を与えてはいけない。

貞観11（637）年、検察の仕事を束ねる劉洎《き》が、上奏文を太宗へ提出します。行政の中枢をなす尚書、現代の日本で言えば総理府にあたる組織を「尚書の仕事は、政治の根本である」と指摘して、尚書を統べる適任者を選ぶことは極めて困難であるとして、本項のフレーズを記しました。太宗はもっともなことであるとして、有能で気骨のある劉洎を要職である尚書右丞（次官）に任命します。

貞観13（639）年、賢才を自薦させて要職に就けることについて、太宗から諮問を受けた魏徴は答えます。

漢文 且選衆授能、非才莫挙。天工人代、焉可妄加。

——人を知ることのできる者は智者であり、自分を知る者は明知の人であると言います。人を知ることは言うまでもなく困難でありますが、自分を知ることはさらに容易ではありません。さらに暗愚の人は自分の才能や善行を自慢するものです。自薦させたならば、人を押しのけて競争することになりますので、自薦をさせることはよろしくありません。

魏徴の言葉は、『老子』第三十三章の有名な一説です。

——**知人者智。自知者明。勝人者有力。自勝者強。知足者富。強行者有志。不失其所者久。死而不亡者寿。（人を知る者は智なり。自ら知る者は明なり。人に勝つ者は力あり、自らに勝つ者こそ強し。足るを知る者は富む。強めて行う者は志あり。其の所を失わざる者は久し。死して而《しか》も滅びざる者は寿《いのちなが》し）。**

つまり、他人のことを知る者は智者のレベルに過ぎませんが、自分自身を知る者こそ明知の人、即ち深い洞察力を持って的確な判断ができる人であり、他人に勝つことができる者は腕力があるだけに過ぎませんが、自分自身に勝つ者こそ真の強者である。充分に満足だと知る者は豊かであり、真面目に努力する者は向上心を持つ。自分に相応しいやり方を失わない者は長続きするし、何かをやり遂げた人はその名声が朽ち果てることはないという訳です。

こういった志で目の前にある仕事に黙々と懸命に取り組むことができる人は、職位の上下にかかわらず、組織において「生きた証」や「足跡」を残し、尊敬と感謝の念と共に多くの人の心と記憶にいつまでも残り続けるのでしょう。

44

メンバーを評価するときに不可欠な条件

人臣《じんしん》の行いに、六正《りくせい》有り、六邪《りくじゃ》有り。六正を修《おさ》むれば則《すなわ》ち栄え、六邪を犯せば則ち辱《はずかし》める。

【論択官第七　第十章】

組織に属するメンバーの行いには、六正があり、六邪がある。六正を修めれば栄え、六邪を犯せば恥をかくことになる。

貞観14（640）年、魏徴が太宗に上奏文を提出します。その中で、群臣において清廉潔白の優れた者が稀なので、公正な評価をするための選別方法を説きました。

①地位のある者がどのような人物を推薦するか
②富裕な者が人々にどんな施しをしているか
③暇な時に何を好んでしているのか
④学んでからどんな意見を言うのか
⑤困窮している者が何を受けないか
⑥逆境にある者が何に手を染めないか

漢文 人臣之行有六正、有六邪。修六正則栄、犯六邪則辱。

この六つのことをしっかりと観察すれば、人物のおおよその人柄を見定めることができるという訳です。その後に魏徴は『説苑《ぜいえん》』にある本項のフレーズを引用して、組織を繁栄させるための「人財」と、組織を崩壊させる「人罪」をそれぞれ六種類に分けて説明しています。

〝六正〟とは、

①聖臣とは、危ない兆候が起こる前に、はっきりと存亡の危機を見極めて未然に防ぎ、トップを尊敬すべき地位に置くことができる人

②良臣とは、物事の善し悪しが分かって正しい道に精進し、献策によってトップの長所を伸ばし、短所を小さくすることができる人

③忠臣とは、朝は早くから夜は遅くまで職務に精励し、賢者を熱心に推挙し、昔の人の立派な行いをたびたび褒め、トップを励ますことができる人

④智臣とは、事件の成功失敗を明察し、早く危険を防いで救い、食い違いを調整し、失敗の原因を根絶し、禍を転じて福とし、トップに心配をさせない人

⑤貞臣とは、法律を尊重し、官職に賢人を推挙し、職務に精励し、高禄を辞退し、手柄は人に譲り、衣食は節約を旨とする人

⑥直臣とは、国家が混乱している時、おもねりへつらわず、トップの過失を面前で諫めることができる人

〝六邪〟とは、

①具臣とは、高い役職と高給を得て、職務に専念せず、周囲の情勢を窺っている者

②諛《ゆ》臣とは、トップのやることなすこと全て「善」といい、迎合して気に入られるようにして、後々の問題を考えないで快楽に溺れる者（いわゆるイエスマン）

③奸臣とは、口が上手で温和に見えるが、善者を妬み嫌い、自分が推挙したい者はその長所だけを明らかにして短所を隠し、自分が失脚させたいと思う者はその短所を誇張して伝え、組織を内から崩壊させる者

④讒《ざん》臣とは、自分の非は徹底的にごまかす知恵があり、言葉巧みに自分の正当性を訴え、保身のため組織内で揉めごとをつくる者

⑤賊臣とは、権力を思うがままにして、自分に都合のよい善悪の基準をつくり、徒党を組んで自分の地位や名誉を高めようとする者

⑥亡臣とは、悪意ある嘘やおべっかでトップをだまして、トップに嘘の報告を行い、トップに善悪の区別をなくさせ、組織外までに悪評を広めようとする者

優れたリーダーは〝六正〟の道を離れず、〝六邪〟の人物は近づけないで、安定した組織マネジメントをすることができると魏徴は指摘しています。

太宗に仕えた名臣たち　その八

李靖《せい》（571～649）

　隋の忠実な軍人で、「帝王を補佐する才能がある」と言われていた。だが隋末の大乱で李淵（のちの高祖）の兵に敗れた。李淵が李靖を斬ろうとすると、李靖が言った。

「あなたは挙兵して天下の乱れを正し、大事をなそうとしています。それなのに私怨で壮士を殺そうとするのですか」

　そばに控えていた李淵の次子李世民はこれを聞いて、彼の才能と豪胆さを称賛し、自分の配下にすることにした。その後、王世充を騎兵を率いて完膚なきまでに破り、江南で後梁を征服する際は水軍も見事に率いて勝利を収め、唐王朝成立の戦いに大いに力を発揮した。

　太宗が即位したが、当時の中国の北西は突厥が勢威を振るっていた。太宗は突厥討伐を行ったが、その戦いでは李靖の働きが大きく、ついに突厥を滅ぼした。さらに高句麗征伐でも大功を挙げた。

　また、吐谷渾《とよくこん》が唐に反乱を起こすと、李靖は老齢ながら指揮官となって吐谷渾を滅ぼした。常勝将軍として、中国史上において最も優れた武人の一人である。

　李靖は、戦略的にも戦術的にも優れた能力を発揮した。『李衛公問対』は李靖の兵法を述べたもので、「武経七書」の一つに数えられている。

人財抜擢のカギとなるバランス感覚

45

是《ここ》に知る、祚《そ》の長短は、必ず天時《てんじ》に在《あ》り、政《まつりごと》或《ある》いは盛衰するは、人事《じんじ》に関《かかわ》る有《あ》るを。

【論封建第八　第二章】

ラッキーとアンラッキーの違いというものは、必ず天の巡り合わせにあり、組織に盛衰があるのも、個々の人間に関係があることだと思います。

貞観11（637）年、太宗は重臣たちに国家の統治のあり方について、思いを述べます。

――周は武王が子弟を各地へ封じて治めさせて800年も続いた。秦は封建制度を止めて郡県制度を採用したが、二代で滅亡してしまった。漢はその折衷の郡国制度であったので、高祖の亡き後に皇后の呂氏一族によって乗っ取られたが、漢の皇族が立ち上がって呂氏を排除することができた。親族や賢者を王に封ずることは、国家長久の計に違いない。

として、太宗は子弟の各王21人と功臣の14人を世襲の刺史と定めると宣言します。

すると礼部の次官である李百楽が進み出て、

――周は天の命じた年数に過ぎ、秦は期待された年数に及びませんでした。年数の違いは、

漢文 是知祚之長短、必在於天時、政或盛衰、有関人事。

郡国制度にあります。周は夏殷の政治を模倣して、堯舜が諸侯を封じたことに従って、各地を治めた一族の子孫が堅固な守りとなって国家の基礎となり、周王の力が弱まっても王室と諸侯が助け合いました。秦は前例に従わず新しい試みとして、諸侯をおかずに郡守をおいて地方を守らせ、皇帝の子弟にはほとんど土地を与えませんでしたので、世の中が乱れた時にあっという間に瓦解してしまいました。

と歴史を紐解きます。古来から身分不相応な野望だけでなく、世の中が乱れて天命が下り、そのタイミングが合って初めて天子が生まれるのであって、その子孫たちまでが仁徳を持ち続けて天命に適《かな》う訳ではないとし、

——天地さえも満ち欠けがあり、時と共に消長する。ましてや人は時と共に盛衰するのは当然のことである。

という『易経』の言葉を引用して、李百楽が諫めます。続けて馬周も世襲の官爵とはせずに、功臣の子孫には俸禄を与え続ければよく、常に才能や徳行のある者が国家のマネジメントの任にあたるべきだと提言します。

太宗は二人の進言に納得して、子弟と功臣を世襲の刺史とすることを取り止めました。しかしながら、太宗は重臣たちの血縁関係者の登用を安易に否定している訳でもありません。

太宗は貞観初（627）年に重臣たちに、政治を立て直すために人財を広く求めて抜擢登用を図っていると述べ、『韓非子』説疑篇にある次の言葉を引用しています。

——**内挙に親《しん》を避けず、外挙に讎《あだ》を避けず。（身内から抜擢する時はどんなに近親であっても遠慮せず、部外から抜擢する時はどんなに仇敵であっても避けない）。**

「群臣の子弟であっても仇敵であっても有能な者は採用する」という能力第一主義を太宗は原則としていました。

このバランス感覚を学ぶことは、現代企業の創業者が組織マネジメントを深く考える時、特に肝に銘じる必要があるのではないでしょうか。

太宗の後継者たち　その一

高宗（628～683）

太宗の第九子として生まれた。名は治。貞観17（643）年に、太子の李承乾が、父から寵愛を受けた弟の李泰をねたみ、武力で排除しようとして失敗する事件が起きた。承乾は太子を廃され、泰と共に流罪となった。太宗には14人の男子がいたが、長子の承乾と第四子の泰と第九子の治は、母が長孫皇后であり、その兄の長孫無忌の進言もあり、第九子の李治が代わって太子に立てられ、貞観23（649）年に太宗の

死にともない皇帝に即位した。

即位当初、太宗の定めた制度を踏襲し、長孫無忌、褚遂良、李勣ら、太宗に仕えた功臣に助けられた。高宗は政務に励み、その年号から「永徽の治」と称された。

ところが、やがて昭儀の武照を寵愛し、王皇后を廃して武照を皇后に立てようとしたため、長孫無忌、褚遂良らが反対した。永徽6（655）年、高宗はついに元老の反対を押し切って王皇后を廃し、武照を皇后（則天武后）にした。反対した長孫無忌、褚遂良を流罪にし、顕慶3（658）年、褚遂良は南方の愛州で亡くなり、翌年、長孫無忌は四川の黔州で自殺に追い込まれた。

やがて、高宗はしばしば目まいに苦しみ、目が見えづらくなり、政務を常時執れなくなった。則天武后がこの機に乗じて政治に参与し始めた。高宗はこれに危惧を抱いて皇后の廃位を考え始めたが、則天武后はそのような考えはないと訴え、沙汰止みとなった。ところが、高宗の病が進み、政務が執れなくなると、ついに則天武后が代わって実権を振るうようになった。

高宗の治世の対外策を見ると、顕慶2（657）年、西突厥を滅ぼした。龍朔3（663）年、白村江の戦いで倭・百済連合軍に勝利を収め、また、乾封3（668）年、新羅と同盟して高句麗を滅亡させた。こうして朝鮮半島一帯を版図に収め、東は朝鮮半島から、西はカザフスタンとウズベキスタンとの国境にある咸海、北はバイカル湖、南はベトナムの横山まで広がり、唐王朝における最大版図となった。しかし、新羅が唐との同盟を破棄し、上元3（676）年に朝鮮半島全土を統一したため、ついに朝鮮半島から手を引かざるを得なかった。

弘道元（683）年12月、高宗は貞観殿で亡くなった。享年56歳だった。

『貞観政要』で、太子と諸王の問題、皇位継承の難しさが語られている。それにもかかわらず、高宗の晩年を見ると、太宗は皇位継承に失敗してしまったと言えよう。

組織安定のために心を尽くす

46

是《ここ》を以《もっ》て国を為《おさ》むるの道は、必ず須《すべから》く之《これ》を撫《ぶ》するに仁義を以てし、之に示すに威信を以てすべし。

【論仁義第十三　第三章】

マネジメントのベストな方法は、仁義をもって人財を慈しみ、威光と信頼とを示すということである。

貞観2(628)年、太宗は隋末唐初の大乱の後、世の中が安定して人心が落ち着くのに時間がかかると思っていたそうです。しかしながら、人々が秩序を守るようになり、官吏も法律を守って盗賊も減るのを見て、政治には「治」と「乱」の二つだけあり、人々のせいではないことが分かったと重臣たちに話しました。

正しい政治を行う方法として、仁義をもって人々に接することの大切さを本項のフレーズで説き、厳しい法律は止め、正しいことを続ければ自然と人々は安心して暮らせるようになると指摘しました。そして、

漢文 是以為国之道、必須撫之以仁義、示之以威信。

――常に心に思って忘れないようにし、絶えず継続していかなければならないものだ。もしわずかな時間でも心が緩んで怠《おこた》り怠《なま》ければ、仁義道徳の道から遠く離れてしまう。

と語りました。貞観12（638）年に、太宗は重臣たちに、仁義について次のようにも述べています。

――林が深い時には多くの鳥が来て住み、川の流れが大きい時は多くの魚が集まる。人が仁義の行いを積み重ねれば、天下の人は自然になつき従うものである。世の中の人々は自分に降りかかる災害を恐れて避けることを知っているが、仁義の道を行うことは知らない。【論仁義第十三　第三章】

と常日頃から仁義の道を外れないように、油断せずに怠けてはいけないと戒めます。

貞観4（630）年、房玄齢が唐の宮城の武器庫は隋の時代よりも多くの武器で溢れていますと報告した時、太宗は、

――常に正しい政治を心掛けて忠節を尽くし、人々の暮らしを安定させて欲しい。これこそ私の武器だ。

と答えて、すぐに武器の在庫の削減を命じます。

隋の煬帝は武器が足りなくて滅んだのではなく、仁義の道を忘れて人々の怨みを買ったために滅亡したので、重臣たちに徳義をもって自分を補佐して欲しいと要請します。

47

義理堅く生きるということの難しさ

生死の間《かん》に於て、甚《はなは》だ衆義《しゅうぎ》を備われり。此《かく》の如《ごと》きは則《すなわ》ち彼《か》の尋行《じんこう》数里、事を矯《た》め義を談ずる者、徒《いたず》らに自ら以て人の為《ため》にするは、何ぞ此《これ》に逮《およ》ばんや。

【論忠義第十四　第一章】

生死の境におかれても、大いに義理堅さを備えている。このようなことができるのは、正義を談ずる者や人のために尽くす者たちでも、とうてい馮立に及ばないであろう。

高祖の皇太子李建成に厚遇された馮立《ふうりつ》は、「玄武門の変」で皇太子が死んだ時、多くの者が逃げ去る中、

――生前に恩を受けながら、死んだからといって、慌て逃げ出すとは何事だ！

と激怒して、最後に手勢を引き連れて玄武門で苦戦し、敵将の敬君弘を打ち取ります。

――少しばかり皇太子のご恩に報うことができた。

と言ってから、兵を解散して逃亡しましたが、やがて馮立は太宗のもとに自首して来ます。

漢文 於生死之間、甚衆義備矣。如此則彼尋行数里、矯事談義者、徒自以為人、何逮於此也。

――敬君弘やたくさんの私の兵を殺したにもかかわらず、死罪を逃れたいのか。

と太宗は責めました。

――官職に就いて、主君の皇太子に命を差し出してお仕えしようと決めていたので、戦いの日において全力で戦いました。

と涙を流しました。太宗はその言葉に感動して、左屯衛中郎将に任じて一命を助けます。

――寛大な処置で生きながらえることができた。死をかけて陛下のご恩に報いたい。

と馮立は誓います。

間もなくして突厥が長安城近くまで攻め入って来た時、馮立は数百の騎兵と共に長安郊外で戦い、武功を上げます。その時に太宗は、本項のフレーズで馮立を讃えました。

「玄武門の変」において、太宗の兄の皇太子李建成と弟の斉王李元吉の配下で、多くの者が太宗に許されて職を与えられました。兄弟相争っても、その配下の兵たちは共に唐の高祖の家来筋でしたので、唐の敵を倒すべく一緒に戦った仲間や、見知った者たちも多くいたはずです。

その中で帰参を許されて、「一生お仕えします」とか「必ずご恩をお返し致します」と誓った者も一人や二人でなかったでしょうが、本当に有言実行した者やその機会に巡り合わせた者が多くなかったからこそ、このエピソードが『貞観政要』に収録されているのでしょう。

「喉元過ぎれば熱さを忘れる」といった類の話は、現代の組織においても絶えません。

人財には相応しい処遇をする

48

君の之《これ》を待つに在《あ》るのみ。昔、豫譲《よじょう》、智伯《ちはく》の為《た》めに讎《あだ》を報《むく》い、趙襄子《ちょうじょうし》を刺さんと欲す。

【論忠義第十四　第十章】

トップが組織に属するメンバーをどのように待遇するかによるものです。昔、晋の豫譲は智伯のために復讐を志し、趙襄子を刺殺しようとしました。

貞観11（637）年、春秋時代の衛の懿《い》公が北方の異民族に殺されて、肉体は食べられ肝だけが残されました。その家臣の弘演は嘆いて自らの腹を割いて、懿公の肝を自分の腹の中に入れたという忠臣の話に感動して、今の時代には、もはやこのような忠烈の士はいないだろうと太宗は嘆息しました。

すると魏徴が進み出て、本項のフレーズで答え、トップの処遇の仕方次第で誰もが忠臣になるとして、晋の豫譲《よじょう》の話を太宗に聞かせます。

豫譲は、晋の六大貴族の范子に仕えましたが厚遇されず、同じく中行子に仕えたところ、ここでも認められず、これまた六大貴族の一人の智伯に仕えたところ、ようやく才能を開花

漢文 在君待之而已。昔豫譲為智伯報讎、欲刺趙襄子。

させることができました。

その智伯が同じく六大貴族の一人である趙襄子を攻めるべく晋陽で戦って敗れて死んだ後、

――**士は己を知る者のために死す**。

と豫譲は復讐を誓い、趙襄子の厠《かわや》番として近くに潜伏して暗殺の機会を狙ったものの、尋常ならざる風貌が怪しいと思われて捕らえられました。しかし趙襄子は、

――智伯が滅んで、独り仇を討とうとしたのは殊勝である。

と釈放しました。その後に豫譲は顔が知られたので漆を塗って顔を崩し、炭を飲んで喉を潰して趙襄子を狙い続けました。豫譲の友人は、

――君の才能を惜しむ趙襄子は、詫びを入れれば喜んで召し抱えるだろう。

と忠告したところ、豫譲は、

――初めから二心を持って仕えるのは士としてできない。自分のやり方では目的を達成できないかも知れないが、自分自身の生き様が、後世において士の道に背く者たちへの戒めとなるように死にたい。

と答えて再度、趙襄子を狙います。橋の下に隠れて刺殺の機会を狙ってひそんでいた時、趙襄子の乗る馬が尋常ならざる殺気で嘶《いなな》いたために見破られてしまいます。趙襄子も、なぜにこうまでして智伯の仇を討とうとするのかと尋ねたところ、

――范氏も中行氏も召し抱えてくれましたが人並みの待遇でした。しかし智伯は自分を国士

として遇してくれました。だからその人のために仇を討つのです。

と堂々と答えました。趙襄子は感心したものの、さすがに二度目なのでもはや許すことができないと告げると豫譲は、

――前回は慈悲と寛大さをもって命を助けてもらいました。智伯の無念を晴らすためにあなたのお召しの衣服を下さい。

と願い出ます。趙襄子が衣服を与えたところ、気合いと共にその衣服を三回斬り付けてから、

――智伯にようやく顔を会わせることができる。

と満足して自裁しました。趙襄子は涙を流して、

――豫譲こそ、またとない真の壮士なり。

と称賛したそうです。

好漢である魏徴は、この侠気の話が好きだったようです。トップが人物をよく見定めて、人財に相応しい処遇をすることによって、忠臣はいくらでも生まれるものですと太宗を諭しました。

太宗に仕えた名臣たち　その九

長孫無忌《ちょうそんむき》（?~659）

若い時に父を亡くし、叔父の高士廉に引き取られたが、叔父がのちの高祖李淵と知り合いで、その次子の李世民と仲良くなった。のち、妹が李世民の皇后となる。李淵が兵を挙げると、馳せ参じて李世民の配下となった。謀に優れ、「玄武門の変」では、房玄齢、杜如晦らと共に李世民に決断を迫り、皇太子だった李建成らの誅殺を断行した。

太宗が皇太子を廃して晋王（のちの高宗）を立てたいとした時、晋王も妹皇后の子であったところから長孫無忌は賛成して助力した。太宗が亡くなる時は、褚遂良と共に後事を託された。高宗の代には初め重用されたが、高宗が皇后を廃して武昭儀（則天武后）を皇后に立てようとした時、長孫無忌は幾度となく反対した。その後、長孫無忌が反乱を企てていると進言する者がいて、高宗は長孫無忌の職位を剥奪して流刑に処した。その後さらに追い打ちをかけられ、ついに自裁した。15年後、無実と分かり、孫が爵位を継いだ。長孫無忌は歴史に通じ、『太宗実録』、『唐律疏義』、『隋書』の編纂に関わった。

人材登用の大原則を忘れるな

49

今、賢才を択《えら》ぶ所以《ゆえん》は、蓋《けだ》し百姓《ひゃくせい》を安《やす》んずるを求むるが為《ため》なり。人を用うるには但《た》だ堪《た》うるや否やを問うのみ。

【論公平第十六　第一章】

今、才能ある人物を用いる理由は、世の中を安定にしようとしているためである。人を登用するには、その人間が役に立つか立たないかの一点を問えば良い。

太宗が即位してからまもなくの頃、中書省の長官である房玄齢が次のように述べました。

――陛下が秦王であった頃からお側に仕えた忠臣たちで、未だに高い官職を得ていない者たちが大勢いますが、敵対していた側（太宗の兄と弟）に仕えていて帰順した者たちの方が、先に良い処遇をされていると不満が高まっています。

すると太宗は答えます。

――昔、公平であると評価されたトップは、思いやりがあり、私心がなかったからである。そして続けて、世の中を治めるトップが、堯舜のように愚息を廃して優れた者に位を譲り、

漢文 今所以択賢才者、蓋為求安百姓。用人但問堪否。

周公のように世の中の安泰のために二人の弟を成敗したりした故事から、天下の安定を第一として、全ての物事に個人的な感情を優先させないことを学んだと述べます。

さらに、諸葛孔明は小国の蜀の宰相であったが、自身の心を秤のようにして、常に公平であることを旨として、縁故によって軽重を変えることをしなかったことに触れ、ましてや自分は大帝国となった唐を治めているのだと説きます。

その後に本項のフレーズで、太宗は古参、新参には関係なく、人物本位で人財登用を行っていると説明します。

――昔から馴染みの者を急に忘れるようなことはしない。

と太宗は述べてから、役に立つか立たないかを問題にせず、任用されないからといって恨むのは筋違いであると激怒して、依怙贔屓《えこひいき》なしに公平な人財登用を行うと宣言します。

現代の日本では、優秀な経営幹部やエンジニアが企業間を渡り歩くことが普通になりましたが、とは言っても、外資系の会社のようにドライであっさりした人間関係で成り立っている組織ばかりではありません。ましてや企業間の合併や買収によって、人財の出身母体が様々なケースも多く見受けられるようになりました。

バイタリティの源泉を求めようとするマネジメントにおいて欠かせないのは、それぞれの職位職分における適任の能力があるかなしかの基準だけであると、1400年前の優れたトップリーダーが言い切っています。

私情をルールに優先させるな

50

法は、朕一人《いちにん》の法に非ず。乃《すなわ》ち天下の法なり。豈《あ》に無忌《むき》が国の親戚なるを以て、便《すなわ》ち法を撓《たわ》めんと欲するを得んや。

【論公平第十六　第三章】

法というものは、トップである私一人のための法ではない。それは天下の法である。どうして長孫無忌が外戚であるという理由によって、簡単に法を曲げることができようか。

貞観元（627）年、長孫無忌が太宗のお召しによって宮廷に上がりました。腰に剣を帯びたまま参内することは、如何なる人も法によって禁止されていましたが、太宗の皇后の兄であるということから、本人だけでなく警備責任者も全く気付かず、長孫無忌も宮殿を後にしてから自分の失態に気付いたという事件がありました。

長孫無忌は、隋の前の北魏の皇族の子孫です。北魏は漢族でなく、北方の遊牧民族である鮮卑族が打ち建てた王朝です。鮮卑族は二字以上の姓が普通で、一字姓が一般的な漢族とは違います。この長孫無忌は、太宗の子供の頃からの遊び仲間で、「凌煙閣二十四功臣」と呼

漢文 法者、非朕一人之法。乃天下之法。豈得以無忌国之親戚、便欲撓法耶。

ばれる太宗の重臣たちの中でも、筆頭を占める最も信頼した優れた重臣でした。

その颯爽たる姿は誰もが畏怖して、特別な対応をしたのも不思議ではありません。不敬罪ともいうべき長孫無忌は、本来ならば死罪にもかかわらず、皇帝の義兄ということで懲役2年プラス罰金刑が相当で、警備責任者は死刑という判決を宰相の封徳彝《ほうとくい》が出します。

太宗も妥当だということで認めようとしたところ、司法省の次官である戴冑《たいちゅう》が、二人とも過失を犯したのは違いないし、臣下が天子に対して無礼を働いたことは免れない事実であることから、共に死罪であるべきであり、陛下が自分の義兄の勲功を考慮して法を曲げるのは納得できないと主張しました。

この諫言にハッと気付いて、本項のフレーズを述べて、審議のやり直しを命じました。結局は、皇后の兄を死刑にする訳にはいかず、警備責任者も共に懲戒処分ということで落ち着きました。

身内贔屓というものは、種の繁栄を願う生物としては当然のことですが、これをある程度は律しないと組織運営が円滑にいかないということは、古今東西の歴史を見るまでもなく現代の誰もが承知していることです。

ましてや「孝」を第一とする家族主義が尊ばれる中国の帝王とあれば、身内主義であることが当然でしたが、１４００年以上前の唐の太宗は、それでは国家組織のマネジメントはうまくいかないので、親族だからといって法律、つまりルールを曲げてはいけないと明言しています。

太宗の息子で、長孫無忌の甥にあたる高宗、そして高宗の孫にあたる玄宗などが、自身の皇后や寵姫の父や兄を重用して、国をいったんは滅ぼしたり、都から追われたりするような事態を招いたことは周知の史実です。

この太宗の強い覚悟は、中国の歴史においても、特に皇帝の位にあるような場合、極めて稀であり、実際に強い決意と覚悟があったからこそ、後世の世界にまで名君の美名を残したのでしょう。

太宗の叔父にあたる淮安王の李神通が、こうした厳格な姿勢に対して不満を漏らした時、漢の高祖が戦場の活躍でなく物資の調達や補給、財政で活躍した蕭何《しょうか》を第一の功労者と認めたことを引き合いに出して、

――叔父上は私に最も近い血縁ですので、厚い恩賞を差し上げたい。しかし私的感情や個人的な関係で、勝手に恩賞を行う訳には参りません。

と答えました。親族を依怙贔屓しなかった言葉を聞いた重臣たちは、不満や我儘は言うまいと語り合ったそうです。

日本に421万社ある企業の6割は同族企業と言われています。果たして唐の太宗のような二世、三世経営者はどのくらいいるものでしょうか。

3
人財を徹底して活かす知恵

組織はルールで統治するもの

51

法、失う所有れば、卿《けい》能く之《これ》を正す。朕《ちん》、何ぞ憂《うれ》えんや。

【論公平第十六　第三章】

法律に違うことがあれば、貴公はそれを正してくれる。私は何も心配することはない。

太宗が即位した頃は、未だ唐は建国期にありましたので、大きく門戸を開けて官吏の選抜登用を引き続き行っていました。

「二君に見《まみ》えず」ではありませんが、隋に仕えていた官吏たちの中には保身を図って、田舎に籠って敢えて出仕しない者も大勢いました。しかしながら、本格的な安定した政権になりそうだと思われるようになると、少しずつ人が集まり始めます。

唐の朝廷へ出仕する者の中には、より良い待遇を求めて隋朝での官職や官位を詐称する者が増えるようになり、さすがに太宗も頭を悩ませて、

――詐称した者は自首せよ。自首しないで詐称が判明した場合は死罪に処す。

と遂に命じます。

漢文 法有所失、卿能正之。朕何憂也。

やがて詐称していたことが露見した者が捕り、法律の規定に照らし合わせて戴冑は、流罪の判決を出したことを太宗に伝えます。

自分が死刑と定めたにもかかわらず、それを無視して流罪とはけしからんと太宗は激怒します。戴冑はしれっとして、

――陛下がその者を即座に斬り捨てになさったら、私にはどうしようもありませんが、役人に引き渡されて、正当な手続きを経て私のもとへ参りましたので、法律に従って裁いただけです。

と思いもしない回答に太宗はさらに怒りを増して、

――法律を忠実に守って、私が人々に告げたことを守らないことで私の信用を失わせるのか。

と詰問します。戴冑は落ち着き払って、太宗に諫言します。

――法律とは国家が大義を世に公布しているものです。しかし言葉とは、その時の喜怒の感情によって発せられるものです。陛下が一時のお怒りで詐称者を殺すのは良くないことと知った上で、法律の規定によって処置しただけです。小さい怒りを我慢して、大きな信義を失わないことが大切です。怒りに任せて信義に反することは、陛下のためになりません。

その言説を聴いた太宗は、大きく頷いてから本項のフレーズを述べて、戴冑を激賞しました。

1891年にロシア皇太子（後の皇帝ニコライ二世）が来日中、警備にあたっていた巡査の津田三蔵によって刺されて負傷するという大津事件が起きました。その時の大審院長（最高裁判所の長官）の児島惟謙は、大逆罪として処刑判決を出せという当時の首相である松方正義の圧力に屈せず、殺人未遂罪を適用して無期懲役としたことで、日本は法治国家であると当時の欧米列強から高い評価を受けたことがあります。

児島は学問が盛んな宇和島藩士でしたので、子供の頃から漢籍に親しんでいたはずです。恐らく『貞観政要』を学んでいたでしょうし、この戴冑のエピソードを意識していたかも知れません。

いつの世にも法令を厳守する気骨ある立派な人物は存在します。これを善しとして認める器があるトップリーダーがいるかいないかで、国家や企業組織の**「鼎《かなえ》の軽重」**が問われる実例です。

独孤《どっこ》伽羅（544〜602）

隋の文帝の皇后。伽羅は北周の大司馬独孤信の七女として生まれた。14歳の時、父は楊堅を見込んで娘を嫁がせた。独孤信は当時かなりハンサムな将軍として有名なだけあり、加羅だけでなく娘たちはみな器量が良かったらしく、長女は北周の皇帝に嫁ぎ、四女は隋国公に嫁いで後の唐の高祖の母、つまり太宗の祖母になった。

580年、北周の宣帝が亡くなると、楊堅は国政を握ったが、まだ不安定だった。この時、伽羅は腹心を通じて「獣に乗っている時は、下りたら食べられてしまいます（騎虎の勢いの出典）。そのまま突っ走ってください」（骑兽之势、必不得下、勉之）と楊堅に伝えさせ、隋王朝の成立に一役かっている。

581年、楊堅が隋王朝を建て、帝位に即位すると、伽羅は皇后に立てられた。

伽羅は、朝廷での楊堅の判断が間違っていないかどうかを臣下に報告させ、誤りがあれば諫めて、宮中では「二聖」と言われた。

結婚する時、楊堅に自分以外に子を設けないことを約束させ、他の女性を宮中に迎えることを許さなかった。当時では珍しい女性だった。

文帝が若い娘を寵愛していると知ると、伽羅は激怒して殺害させ、さすがの文帝も宮殿を出て山に引きこもったことがある。この時、高熲《けい》は「一婦人のために天下を軽んじますな」と諫めて、文帝も気を取り直して宮殿に戻り、伽羅は父の部下でもあった高熲に感謝した。

長子の楊勇が色好みで、太子妃を殺害したと思い込み、これを廃して次子の煬帝を太子に立てさせた。高熲は太子を廃することを最後まで反対したが、伽羅は煬帝が色好みではない振りをしていて、まんまと騙されてしまった。伽羅の潔癖症が結局は隋王朝の寿命を縮めてしまったと言えよう。

52

歴史のリーダーに学ぶ

朕《ちん》、毎《つね》に前代の帝王の善《よ》き者を慕《した》う。卿等《けいら》も亦《また》、宰相《さいしょう》の賢なる者を慕う可《べ》し。若《も》し是《かく》の如《ごと》くならば、則《すなわ》ち栄名高位《えいめいこうい》、以て長く守る可し。

【論公平第十六　第四章】

常に昔の優れたトップリーダーを尊敬している。皆もまた前代の優れたサブリーダーを尊敬するべきであろう。もしこのようであれば、名誉も高い地位も長く守ることができるはずだ。

貞観2（628）年、太宗が房玄齢らの重臣を召し出して親しく話をしました。

——隋の古老たちが、宰相の高熲《けい》は立派な人物だったと褒めているので、資料を取り寄せて調べてみたが、私心がなく正直で優れた政治家だったと思う。隋の安寧と平和は高熲一人の肩にかかっていたが、無道な煬帝は高熲を殺してしまった。資料を読みながら、もったいないと思わずにはおれなかった。

と嘆息しました。さらに、

——諸葛孔明も非常に公平で正直な宰相であった。その死の知らせを聞いて、孔明に免職さ

漢文 朕毎慕前代帝王之善者。卿等亦可慕宰相之賢者。若如是、則栄名高位、可以長守。

れた廖立と李厳の二人が涙を流したそうだ。

と述べてから、続けて、『三国志』の編者である陳寿が、

――諸葛亮が政治を行う際には、誠心誠意で公正を旨としていた。忠誠を尽くして貢献のあった者には、恨みある相手でも必ず賞し、法を犯し怠慢な者は、親しい者であっても必ず罰した。

と評しているので、太宗は重臣たちも是非それにあやかって欲しいと要請してから、本項のフレーズを述べます。これに答えて房玄齢が、

――国を治めるについての肝要の道は、実に公平正直にあると聞いています。

と発言し、太宗が模範とする政治の教えの根本を見極めて、公正で私心なく国家組織のマネジメントにあたらなくてはならないと戒めます。

これを聞いて太宗は、まさに我が意を得たりと満足したそうです。

太宗が歴史に親しんで、そこから多くのことを学び実践しようと心掛けたことが窺えるエピソードです。

太宗が読んだ歴史書は、現代でも同じように手にすることができ、気軽に読むことができます。太宗の時代より、さらに歴史が積み重なって多くの事例があります。現代に生きるトップリーダーにとって、模範となる優れたリーダーたちが綺羅星の如くいるということは、非常に有難いことではないでしょうか。

53

公平に勝るマネジメントはない

乃《すなわ》ち其《そ》の言《げん》を以て后《こう》に告ぐ。后、歎《たん》じて曰《いわ》く、魏徴の奏《そう》する所、甚《はなは》だ是《こ》れ公平なり。

【論公平第十六　第五章】

魏徴の提言を皇后に話すと、皇后は魏徴の提言は非常に公平であると感嘆した。

太宗と長孫皇后は、三人の男子と四人の女子に恵まれていました。中でも皇后との間の長女である長楽公主李麗質（太宗にとっては五女）は、太宗が最も可愛がった娘でした。

その長楽公主が貞観7（633）年に、母方の従兄にあたる長孫沖（長孫無忌の子）に降《こう》嫁《か》することになりました。太宗は担当する役人に対して、嫁入り支度を太宗の妹たちの時の倍にせよと指示をします。それを聞いた魏徴は、

――後漢の明帝は自分の息子たちを王に封じる際、我が子を我が父の子供と同じ待遇にできようかと言って、自分の弟である楚王や淮陽王と比べて半分の領地を息子に与えた。

という故事が美談として今日まで残っていると述べてから、次のように提起しました。

――皇帝の妹は「長公主」、皇帝の娘は「公主」と身分が分けられており、姉妹と娘とでは

漢文 乃以其言告后。后歎曰、魏徴所奏、甚是公平。

情においてて違いがあっても、昔から定められていることは守らなくてはなりません。長公主よりも公主の婚礼支度が勝っているのはよくないものと存じます。

太宗は善い諫言だと褒め、妹の永嘉長公主の婚礼支度の半分とするよう指示を出し、その話を皇后へ伝えました。普通の母親ならば娘の婚礼に口出しをするなどもっての外と激怒しそうですが、この皇后は大変な賢婦人でした。

――魏徴の提言は非常に公平です。これこそ正論をもって陛下の欲を抑制し、まさに真の重臣です。夫婦の間と違って、君臣の間では本当のことは言い難いことでしょう。陛下がなぜいつも魏徴のことを重んじるのかがよく分かりました。

この長楽公主はめでたく降嫁しましたが、10年ほどして23歳で亡くなり、後に太宗夫妻の墓所となる昭陵に陪葬されます。

太宗の娘たちは全て、房玄齢、杜如晦、蕭瑀、王珪などの重臣たちの息子のもとに降嫁しています。太宗と長孫皇后の末娘は、魏徴の息子と婚約をしていましたが、魏徴が亡くなった後に太宗への諫言が綴《つづ》られている書類が発見され、しかも杜如晦にしばしば見せていたことが判明し、激怒した太宗が婚約を破棄させたというエピソードがあります。

魏徴の200回以上に及ぶ諫言を愛し、魏徴の葬儀では声をあげて泣き叫んだという太宗ですが、太宗と魏徴の美談の裏には、実は大いなる葛藤があったのだろうかと邪推したくなります。

54 君は政《まつりごと》の源《みなもと》、人庶《じんしょ》は猶《な》お水のごとし。

トップはマネジメントの水源であり、組織に属するメンバーは川の流れと同じである。

【論誠信第十七　第一章】

教育水準が高く、平等意識が高まる社会になると、一応はトップを上において、他は横並びのような文鎮型、プロジェクトごとに自由に集まっては解散するようなアメーバ型などの組織形体が流行るようです。

――マネジメントの階層が増えるごとに、組織は硬直性を増す。階層の一つひとつが意思決定を遅らせる

とピラミッド型組織の弊害をピーター・ドラッカーは指摘していますが、年長者を敬う空気が今も強い日本では、やはりピラミッド型の組織が馴染んでいるように思われます。

団結力のあるピラミッド型組織ならば、指揮命令が一気に通電するように末端まで無駄なく伝わり、何事にもスピーディに対応することもできます。

漢文　君者政源、人庶猶水。

組織におけるトップというものは、山奥にある水源と同じです。そこから様々な方向へ流れて海や湖に至る川の流れが、組織に属するメンバーです。ですので、トップが自らを棚に上げてメンバーの言動や行動に対して厳しい注文を付け、罰則を設けて縛ろうとすることは実に愚かな行為です。組織の末端が腐るのはトップが毒されているからです。

貞観初（627）年、近臣の中に悪事を働いている者がいるので排除下さいとの上申書が、太宗のもとに届きました。太宗は、こう言います。

——任用している者たちは、全て賢人であると思っている。誰がいったい邪《よこしま》な者なのか。

すると重臣の一人が進み出て奏上します。

——わざと怒ったふりをして、皆をお試しになって下さい。もしトップのお怒りを恐れず、遠慮せずに自己の正しいと信ずる諫言を申し上げる者は「正人」であります。トップの意志のままに従い、どんな仰せにも従い阿《おもね》る者は、これは腹黒い「佞《ねい》人」であります。

と韓非子のテクニックを採用してはどうかと勧めるのを聞いて、太宗は、

——**流水清濁、在其源也。（川の流れの清濁は、その原因が水源にある）**。

と『荀子』の君道篇にある言葉を引用してから、本項のフレーズを述べました。さらに、

——トップ自身が嘘詐《いつわ》りを行って、臣下に正直を行って欲しいと希望するのは、これは水源が濁りながらも、川の水の清いことを望むのと同じではないか。

と言って、その案を採用しませんでした。

55

メンバーの間違いを許容する度量

小人《しょうじん》の小善《しょうぜん》を善《よ》みして、之《これ》を善《ぜん》を善《よ》みすと謂《い》い、君子の小過《しょうか》を悪《にく》みて、之を悪《あく》を悪《にく》むと謂うが若《ごと》きは、此《こ》れ則《すなわ》ち蕕蘭《こうらん》、臭《しゅう》を同じくし、玉石、分《わか》たざるなり。

【論誠信第十七　第三章】

つまらない人間の小さな善行を褒めて、これを善を行っていると讃えたり、立派な人物の小さな過失を憎んで、これを悪を憎むのだと言ったりするのは、悪草の蕕と香草の蘭との匂いが同じであり、玉と石とを区別しないことと同じです。

最近は小学校での教育環境も変わってきたようですが、昔から日本人には１００点満点の完璧信仰のようなものが刷り込まれていました。

しかしながら実際の世の中、１００点満点で解決するような問題は一つもありません。人間関係や業績など、あらゆることについて１００点かそれ以外かといった切り分け方をすると、誰しも息苦しくなりますし、自らに１００点満点を課すような努力の人は、無理をし過

漢文　若善小人之小善、謂之善善、悪君子之小過、謂之悪悪、此則蕕蘭同臭、玉石不分。

ぎて自滅することになります。

100点満点が当然で、子供の頃からの受験エリートが大人になったような人や、恵まれた環境で成長した人の中には、時折、100点満点を取れない者や、借金を抱えたりして金銭的に苦しんでいる人のことが理解できない場合があります。

優秀な人財が組織に集まることは重要ですが、優秀な人ばかり集まった組織が必ずしも強くなる訳ではありません。四番バッターばかりの野球チームや、エースストライカーばかりのサッカーチームが優勝した話は聞きません。

どんなに優れた能力のある人であっても、100点満点の人間はいません。誰もが分かっている簡単な真理ですが、組織の中でマネジメントに携わるようになると、なぜかメンバーたちに完璧な仕事や勤務態度などの無理を求めるようになってしまいます。

多少の過失や間違いがあるのは人間ならば当然なのに、そちらばかりに目が行き、それを悪いことだ、能力が低いことだと言って人財を活用できなくなったり、失ってしまったりするようなことをしてはいけないものです。

優れた人財を近づけ、つまらない人間を遠ざければ悪い政治は絶対に行われないので、多少の過ちがあったり、短所が目につくからといっても、能力のある人財をしっかりと見極めて、上辺だけは品行方正を装った私心の有る者を遠ざけるべきであると、貞観11（637）年に、魏徴が本項のフレーズで、ややもすると完璧な人財を求めたがる太宗を諭しました。

優れた人財は優れたリーダーの鏡

56

下《しも》を恵むに仁を以てし、身《み》を正しくするに義を以てすれば、則《すなわ》ち其《そ》の政《まつりごと》、厳《げん》ならずして理《おさ》まり、其の教《おしえ》、粛《しゅく》ならずして成る。然《しか》れば則ち仁義は理《り》の本《もと》なり。刑罰は理《り》の末なり。

【論誠信第十七　第三章】

仁をもって下に恵み、義をもって身を正しくすれば、その政治は厳しくなくとも治まり、その教化は厳格でなくともよく行われます。つまりそうであるならば、仁義は政治の基本であり、刑罰は政治の結果となるのです。

――トップは善を好んで悪を憎み、優れた人財を近づけ、愚か者を遠ざけなければならないことをよくご存知であるにもかかわらず、善人を選んで登用されたり、悪人を遠ざけたりは、実際にされていないようです。

と魏徴は太宗の言行が一致していないことを指摘します。

――悪を憎むことは良いことです。人の善行を聞いた時は全てを信用しないこともあります

漢文 恵下以仁、正身以義、則其政不厳而理、其教不粛而成矣。然則仁義、理之本也。

のに、人の欠点を聞いた時は必ずそうだと決めつけられています。

優れた見識の持ち主であっても、善人と悪人の見極めは非常に難しいことを説きます。

――立派な人物は他人の善い点を指摘しますが、愚かな人間は他人の悪いところを暴きます。

つまり、組織のトップとしてマネジメントする者は、立派な人物を引き立て、愚かな者を退けることが大切であり、悪人や愚かな人間が出世するようになると、組織の風通しも悪くなり、滅びの道を行くことになると魏徴は熱弁を奮います。

――遠い将来のことを考える深い思慮がなく、他人の悪事を告発することだけ考えて、それを誠実で正直であるとすれば、組織は乱れ、正しいマネジメントは行われなくなります。

どうやら太宗は、悪事を報告して来る者を好んで近づけて引き立てる傾向があったことを魏徴は示唆しています。

――そもそも善を進めて悪を退けるのは、人に施すものであります。昔の歴史を鏡とするのは、自分に施すものであります。顔を映すのは動かない水により、自分の行いの善悪を照らし見るには、賢人によります。

と優れた人財は、優れたトップリーダーの美醜を映し出す鏡と同じであると強調します。

些細な悪事を暴いて厳しい刑罰で臨むようなことはしないで、寛容と忍耐をもって道徳と仁義を積み上げ、賢才を登用して善行を慎重に行うことが重要であるとして、本項のフレーズを述べました。

57

マネージャーの力量が組織を左右する

良吏《りょうり》に遭《あ》えば、則《すなわ》ち忠信を懐《いだ》きて仁厚を履《ふ》み、悪吏《あくり》に遇《あ》えば、則ち姦邪《かんじゃ》を懐きて浅薄《せんぱく》を行う。忠厚積もれば、則ち太平を致し、浅薄積もれば、則ち危亡《きぼう》を致す。

【論誠信第十七　第三章】

組織において良いマネージャーに付けば、忠信の心を抱き仁厚を行い、悪いマネージャーに付けば、邪悪な心を抱いて軽薄な行いをするものです。忠信仁厚が積もれば安定して発展し、軽薄が積もれば組織に危機が訪れるものです。

――組織における優れたトップリーダーは、組織の表面に生じた問題をコントロールするのではなく、普段から組織に属するメンバーの心をコントロールすることを心掛けているものです。

魏徴は太宗に伝えます。組織の業務において、トップの意向や命令を受けてまとまった単位の人を動かすマネージャーたちには、大小様々な判断が日々求められます。組織の部門間

漢文　遭良吏、則懐忠信而履仁厚、遇悪吏、則懐姦邪而行浅薄。忠厚積、則致太平、浅薄積、則致危亡。

の利害調整、取引先や顧客とのトラブルなどは、国家組織における訴訟と同じです。

魏徴は孔子の『論語』顔淵篇を引いて、

――訴訟事を聞いて裁くのは、私にも人並みのことしかできない。訴訟などおきないような政治を行いたいと思う。

とトップは組織に属するメンバーたちが「礼」によって、即ち節度をもって人格を尊重し合って仕事をし、互いに足を引っ張り合わずに、組織全体の目的と存在意義を共有するようになれば、組織内外のつまらぬ揉めごと自体が減少し、組織マネジメントがしやすくなると提言しました。

組織における「ルール」は、そこに属するメンバーの欠点を取り締まって、過失を責めるためのものではなく、悪事を防止して禍を減らし、間違いや失敗を犯した者に正しいやり方を教えるためのものではなくてはならないと魏徴は主張します。

そして、しっかりと正しい人財教育を行えば、メンバーそれぞれの心が良くなり、不正を働き人を騙すようなマネジメントをしている組織にいれば、メンバーは私心ばかり持つようになると指摘しています。

組織の核となるマネージャーたちの力量、能力次第によって、そこに属するメンバーたちの意志や情熱も変わり、その積み重ねで安定した強い組織がつくられるということを本項のフレーズで強調しています。

耳に痛い言葉にこそ耳を傾ける

58

必ず其《そ》れをして諫《いさ》めを致さしめんと欲せば、之《これ》を好むに在《あ》るのみ。

【論誠信第十七　第三章】

必ず適切なアドバイスを聞きたいと思われるならば、日頃からトップ自身が厳しい意見を好むべきです。

貞観年間の半ば、魏徴は太宗に対して、即位して間もない頃の初心が、随分とブレて来ているのではないかと諫言を記した上申書を提出します。その中で、

――以前は慎んで仕事に励み、謙遜して意見をよく聞き、良い案があればすぐに採用され、改善に努められていました。小さい過ちがあれば、他人の小言も聞き、率直な意見を聞く度にお顔に出るほどに喜んでいらっしゃいました。ですので、組織全体のことを思う優秀な人財たちは、こぞって厳しい意見を躊躇なく申し上げました。ところが最近では組織も安泰で、外部からの評価も極めて高くなりましたので、どうやら陛下自身が現状に満足して、少し得意になっていらっしゃるのではないでしょうか。

漢文 必欲使其致諫、在乎好之而已。

と警鐘を鳴らしてから、悪事を憎むと言いながらもその改善提言がトップ自身の意向とは違った内容であったり、組織に忠実な意見でもトップ自身の意向と違えば、明らかに顔色を曇らせるようになっていると変化を指摘します。

そして、お気に入りの者が進み出て意見を言うことはできるものの、本当に公平で正しい意見を言う者が進み出て意見を言うことができる雰囲気が朝廷でなくなっているのを誰もが感じていますと魏徴が訴えます。続けて、

――諫言に怒って宮廷から退出しようとする陛下の裾を引っ張って引き留めた者や、諫言に怒って退出を陛下から命じられながらも、宮殿の手すりにしがみ付いて引き剥がされようとしてもその場を去らなかった者たちが、陛下を恐れて口を開かなくなりました。

と以前の朝廷の良き状況を描写して太宗に促します。

――最近は提案書が出された時、良い点と悪い点があるにかかわらず、短所ばかり指摘して、長所を褒めることはなくなりました。

――宮殿があまりにも広く立派な場所となり、敷居が高い上、皇帝の前では極度に緊張して言いたいことも発言し尽せずに退出してしまい、改めてお目通りを願ってもその方法がありません。

――仮に良い提案として採用されても、官位が進むこともなく、褒美も出なくなりました。

――ご意向と違った提案に対しては、手厳しい非難と罵倒をなされます。

こんなことが続けば、普段からお側にお仕えする者ですら嫌な顔をされることを恐れて何も言わなくなるでしょうが、誰がいったい諫めの言葉を嫌われてもお耳に入れるようになるでしょうかと魏徴は続けます。

――提言すべきことがあれば、申し述べよ。しかし提言が採用されると期待してはならぬ。と発していますが、これは陛下が意見を拒否すると言っているのと同じで、忠誠心によって正しい意見を進言する者など全くいなくなるのは当然ですと記した上で、魏徴が本項のフレーズで指摘します。

――亡国の道を行くというのは、こういうことなのでしょう。トップリーダーたる者は、自らを戒めて努力を惜しむことを忘れてはなりません。

と慢心を諫める厳しい進言に太宗は感動して、直筆で反省の手紙を魏徴に送りました。

隋の煬帝も、治世の初めは諫言を好んだなかなかの名君だったそうですが、途中から人が変わってしまって傲慢になったと言われています。この魏徴の上申書を読んだ時の太宗の感想と反応が、唐の太宗と隋の煬帝との、明君と暗君との分水嶺となったようです。

太宗に仕えた名臣たち　その十

杜如晦《とじょかい》（585〜630）

幼い頃から聡明で、歴史や文学を語ることが好きだった。

初め隋に仕えたが、隋末の大乱で故郷に戻っていたところ、房玄齢が当時秦王だった李世民に進言した。

「役人を辞めて故郷に戻って行った者は多いですが、惜しむには足りません。しかし如晦は帝王の仕事を補佐できる才能を持っています」

こうして李世民の幕下に招き入れられ、参謀役となった。李世民が、薛仁杲、王世充らを征討する時、杜如晦は軍の参謀として適確な判断を下し、勝利に導いた。

「玄武門の変」では、房玄齢らと共に李世民に決起を促し、皇太子だった兄の李建成と弟の李元吉を誅殺し、李世民の皇帝への道を開いた。房玄齢は企画力に優れていたが、杜如晦は決断力に優れていたという。

杜如晦は若い頃から書を好んだ。太宗は文学館を建て、杜如晦を従事中郎とし、十八学士のトップに任じた。太宗は文学館を訪れ、杜如晦らと経書の意義を討論し、しばしば夜にまで及んだ。

やがて杜如晦が大病に臥すと、太宗は幾度となく名医を派遣して治癒を願ったが、効なく亡くなった。太宗は号泣して、3日間政務を執らなかったという。

59

真心は命令に先立つものである

然《しか》れば則《すなわ》ち言《い》いて行われざるは、言《げん》、信《しん》ならざるなり。令《れい》して従われざるは、令《れい》、誠無《まことな》きなり。信ならざるの言、誠無きの令、上《かみ》と為《な》りては則ち徳を敗り、下《しも》と為りては則ち身を危うくす。

【論誠信第十七　第四章】

言っても行われないのは、言葉に信用がないからです。命令しても従わないのは、命令に誠実さがないからです。信用のない言葉、誠実さのない命令は、上の者は道徳を破り、下の者は身を危うくするものです。

貞観15（641）年、魏徴が太宗へ上申書を提出しました。

――国を治める基礎は、必ず徳と礼とによるものです。トップが守るべきことは、ただ「誠信」にあります。上にトップの「誠信」が立てば、下のメンバーに二心はありません。

と述べてから孔子の言葉を引用します。

――君主が臣下を使う時は礼を守り、臣下が君主に仕える時は真心をもって仕える。

漢文 然則言而不行、言不信也。令而不従、令無誠也。不信之言、無誠之令、為上則敗徳、為下則危身。

さらに続けて文子（老子の弟子で、道家の一人）の言葉を繋げて、

――同じことを言いながらも信用されるのは、信頼が言葉の前にあり、同じ命令をしながら誠実に行われるのは、誠実が命令の後にあるからだ。

と説いてから、本項のフレーズを記しています。魏徴は組織における「誠信」、即ち誠実と信頼の重要性を強調します。

――組織のトップが礼を尽くし、所属するメンバーが「誠信を尽くす」ことができるのは、必ず外も内も私心がなく、上と下とが互いに信じて疑わないことにあります。もし上に信頼がなければ下を使うことはできず、下に信頼がなければ上に仕えることはできません。信の道というものは実に偉大なものです。

ここでいう「誠信を尽くす」とは、現代に置き換えればどういうことなのでしょうか。

――**誠は嘘偽りでないこと、信は疑わないこと。**

つまり、真っ直ぐで真面目な本当の心の在り方、真心をもって他人と付き合うということでしょうか。組織に属する人々の間では上下の関係が明白でしょうが、現代の組織において、上下左右を問わず、人と人の間の関係として、この「誠信」が基盤となっていなければ、如何なる仕事も協調できず最大の成果を出すことができないということを説いています。

シンプルで当たり前のことですが、この「誠信」に満ち溢れた組織を実現している国や企業や団体は未だ目にしたことがありません。人間にとっての永遠の命題なのでしょうか。

自ら節制し、質素を心がける

60

朕《ちん》が徳、漢帝《かんてい》に逮《およ》ばず。而《しか》るに費やす所之《ところこれ》に過《す》ぐるは、豈《あ》に人の父母為《た》るの道と謂《い》わんや。

【論倹約第十八　第二章】

私の人格は、漢の文帝には遠く及ばない。それにもかかわらず宮殿建築の費用が文帝よりも多過ぎるというのは、どうして人々の父母ともいうべきトップのとるべき政策であると言えようか。

貞観2（628）年に重臣たちが、夏は暑いので暑気を避け、秋は長雨なので湿気を避けるため、高層の宮殿を造営して住まわれると良いと太宗に建言します。

すると太宗は、漢の文帝が高楼を建てようとした時に、その費用が一般の人々の住居十軒分の建築費用に相当すると聞いて中止したということを『漢書』で読んだことがあるので、自分より優れた文帝が惜しんだ費用以上に出費をするとはまかりならないとして、本項のフレーズを述べました。

太宗は、漢の文帝を理想の優れたトップとして尊敬し模範としていたようです。

漢文 朕徳不逮于漢帝。而所費過之、豈謂為人父母之道也。

太宗が遠く西域に良馬を求めた時、漢の文帝が千里の馬を献上しようとした者に対して、

――天子の旗を前に、車を後ろにして行幸する時、自分だけ千里の馬で先に走っていったいどこへ行くというのか。

と言って、その馬を運送代と共に返したことについて触れ、魏徴が諌めたこともあります。

漢の文帝は、高祖劉邦の末子です。高祖が崩じた後に皇后の呂氏一族に政権を簒奪され、それを周勃、陳平といった漢の元勲たちが倒して即位したのが文帝です。

文帝は質素倹約を基本姿勢とし、人々の暮らしが豊かになることに努め、大規模な公共工事や外征を行わず内政に専念し、安定した平和な社会を実現しました。その業績は華々しくありませんでしたが、太宗の理想とするマネジメントであったようです。

中国では百年ほど前まで、亡くなった人の生前の事績を踏まえて、諡号《しごう》という仏教で言えば戒名のようなものを贈る習慣がありました。中でも「文」は、

――道理や徳行について、非常に博識である。

――学問に励み、下問することを好む。

――慈愛をもって、民を愛する。

――礼法に従い、民の憂いをなくす。

といった意味で、最も優れた皇帝や貴人への美諡《びし》とされています。

同じ文帝でも隋の文帝に対して太宗は手厳しく、煬帝が国を滅ぼしたのは父の文帝の時代

にその萌芽があったと批判しています。

貞観16（642）年に小さな宮殿を造営しようとした太宗が、前趙の昭武帝劉聡が皇后のために宮殿を築こうとした時、多額の費用がかかると諌めた大臣に激怒して処刑しようとしたところ、皇后が直筆で上奏文を書いて諌めて怒りを解いたという逸話を歴史書で読み、取り止めたそうです。

宮殿を建築したいという欲望に幾度もかられながら、昔のリーダーの事績を参考にして、太宗が身を正《ただ》して国家のマネジメントに努めていたことが窺えます。

――私は尊敬されるトップの地位にあり、世の中全てを自分の物にしている。万事、自分の考え通りにすることができる。だから自分から節制することが大切で、人々が望まないことはしないようにする。

と太宗は日頃から謙虚を旨としていることを述べています。

因みに太宗は、崩御後に文帝と諡されました。その後、文武聖皇帝、文武大聖大広孝皇帝と長い諡号が後継の皇帝たちによって贈られたことから、長ったらしい諡号でなく漢字二字の廟号《びょうごう》で呼ばれるようになりました。その後の歴代皇帝も原則として諡号ではなく、廟号で呼称されるようになりました。

この廟号制度は、中国だけでなく朝鮮や越南《ベトナム》の王朝でも採り入れられましたが、日本では宦官制度と同様に採用されていませんでした。

太宗の廟号を持つ皇帝は、中国史上に20人近く存在していますので、李世民の場合は「唐の太宗」と国名を冠して、「宋の太宗」らと区別するようにしています。

太宗に仕えた名臣たち　その十一

高《こう》士《し》廉《れん》（575～647）

凌雲閣二十四功臣の一人。北斉の王族の出で、子供の頃から文章を一度見ただけで暗誦してしまうほどに聡明な人物だった。派手な交際を好まず、終南山に寓居し、静かに生活を送っていた。

やがて、知人の勧めで出仕し、隋の時代に科挙に及第し、官吏となって出世する。妹が長孫晟に嫁ぎ、後に長孫晟が病没して孤児となった長孫無忌とその妹（後の太宗の皇后）をひきとり、育てた。隋の滅亡後には唐の高祖に従って秦王だった頃の太宗に仕えるようになる。

甥の長孫無忌と計った「玄武門の変」では、囚人を釈放して俄《にわ》か仕立ての兵士とし、太宗を援けて戦い、太宗擁立の立役者となった。

皇太子の李承乾の師となったが廃された後、その次の皇太子の李治（後の高宗）の教育係も務めた。

61

トップはメンバーと功を争うな

凡《およ》そ天子と為《な》りて、若《も》し惟《た》だ自ら尊崇《そんすう》し、謙恭《けんきょう》を守らざるは、身に在《あ》りて儻《も》し不是《ふぜ》の事《こと》有りとも、誰が肯て顔《かんばせ》を犯して諫争《かんそう》せん。

【論謙譲第十九　第一章】

組織のトップになって、もし尊大に構え、謙譲する心を失ったら、トップが良くない言動をした時に、嫌な顔をしているのも構わずに、誰が強く諫めてくれるものだろうか。

貞観2（628）年、太宗は重臣たちに次のように語りかけます。

――トップとなってからは、皆から尊敬され、少しも恐れや遠慮することがないだろうと言われているが、私は自ら腰を低くして自らを慎み、常に謙虚であることに気を配っている。

と普段から自身を戒めていることを述べ、続けて、

――自分が賢いと自慢してはいけない。組織においてトップと争う者はいないのだから。自分の手柄を自慢してはならない。組織においてトップと功を争う者はいないのだから。

と古代中国の聖天子である堯が禹を戒めた言葉を述べます。さらに、

漢文　凡為天子、若惟自尊崇、不守謙恭者、在身儻有不是之事、誰肯犯顔諫争。

――人情の常として、驕り高ぶる人を憎み、遜《へりくだ》った人を好む。

と『易経』からの言葉を引用し、本項のフレーズで心の奥底にある悩みを恥ずかし気なく開陳します。また太宗は、

――私はいつも一言を発し、一事を行おうと思う度に、上は天を恐れ、下は人々を恐れる。天は高いけれども、低いところのこともよく見聞きして知っているからだ。

と自分の常日頃の行動や発言が、天意と人心に叶わないのではないかと恐れていると告げます。すると魏徴が進み出て、

――初めは善くても、終わりまで全うすることは少ない。

という『易経』の言葉を引用して、

――常に謙遜の戒めを忘れず。常に謹慎する心を保てば、国家組織は永久に傾くことはないでしょう。それは聖天子の堯舜の太平の世と同じ方法だからです。

と説きました。

組織のトップが、組織に属するメンバーや若手と功名を争って、その力を自慢することは、現代の企業においてもよくあります。功を誇っているような組織のトップは哀れですし、そういったトップに限って「ウチには人財が育たない」ともっともらしく嘆いています。己の驕りに原因があると気が付かないのです。

「切れ者」が陥りやすい落とし穴

62

己《おのれ》の有りと雖《いえど》も、其《そ》の状《じょう》、無きが若《ごと》く、己の実《み》てりと雖も、其の容《よう》、虚《むな》しきが若し。

【論謙譲第十九　第二章】

たとえ自分に能力も人望もあったとしても、その表情にはまるでないように見え、心の中に善意が溢れていても、外部からは何もないように見える態度を取る。

――自分に才能がありながら、才能のない者にまで教えを請い、学識が豊かでありながら、学識の乏しい者にまで教えを請う。才能があるのにまるでないかのように、学識が充実しているのに空っぽであるかのように。

貞観3（629）年、太宗が孔穎達《えいたつ》にこの『論語』の一節は、どういう意味なのかと質問をします。孔穎達は孔子の32世の孫で、「十八学士」に名を連ねる賢臣の一人です。

――孔子の教えの基礎は、人々に遜《へりくだ》ってその徳がますます輝くことを願うものです。自分に能力があっても自慢して威張ることがなく、知識がない人にも質問して教えを請い、自分に才能が多くとも、まだ少ないとして、才芸の少ない人から、さらにアドバイスを

漢文 己之雖有、其状若無、己之雖実、其容若虚。

もらうことを求めました。

孔頴達はこのように解説してから本項のフレーズをもって、一般の人々だけでなく、トップリーダーの心掛けを説きます。そして、次の『易経』の言葉を引用します。

――蒙昧な偽りを持たない心によって正しい道を学ぶこと。

――明智を隠して人々に臨むこと。

トップの位にある者が聡明な知恵を輝かせ、才能で他人を凌いで、自分の悪いところを取り繕って諫言を退けてしまうと、組織に属するメンバーたちのコミュニケーションが悪くなり、結果として組織が崩壊する原因になるという訳です。

ここで「明智」とありますが、太陽のように隅々まで照らしてしまえば、細かいところまで見え過ぎて、全てを見通してしまいます。つまり、トップとしての寛容に欠けてしまうので、多少は見て見ぬ振りをする方が良いという意味で、太宗に献言しています。

いわゆる「切れ者」と呼ばれる人は、頭の回転が早く、発想力が豊かです。仕事に関しても機転が利き、効率良く物事を進めることができます。また合理的な思考で問題解決力も高いので、一見するとリーダーとしての魅力があります。

しかしながら、「切れ者」は自身の能力を過信して主観的になりやすいという欠点があり、自分より能力が劣る者を見下す傾向があります。ですので、実は「切れ者」の下では、かなり実力のある人財でも力を発揮することができなくなるというデメリットがある訳です。

63

一言の重みをどれだけ自覚できるか

言語は、君子の枢機《すうき》なり。談《だん》何ぞ容易ならんや。

【慎言語第二十二　第二章】

言葉というものは、トップにとっても最も重要なものである。安易に言葉を口にしてはいけない。

貞観8（634）年、太宗が本項のフレーズで重臣たちに語りかけました。続けて、――一般の人々の場合でさえも、一言でも悪いことがあれば、人は皆これを恥辱として記憶してしまう。ましてやトップの場合では尚更である。うっかりしても失言してはならない。些細な失言でも影響は大きい。どうしても一般の人々と同列にはできない。私はいつもこのことを肝に銘じている。

と普段から迂闊な発言は慎むよう心掛けていると明かしました。

『**綸言汗《りんげんかん》の如し**』は、責任ある地位にある者は、取り返しのつかない発言はしてはならないという有名な言葉ですが、これは一度出た汗が身体の中に戻ることがないことに喩《たと》え、皇帝

漢文 言語者、君子之枢機。談何容易。

の言動、即ち「綸言」は発せられたら取り消すことができないということです。

何と大袈裟《げさ》なと思いますが、組織においてトップの言動は非常に重たいものであり、また重たく扱われなくてはなりません。隋の煬帝が、

——蛍を捕まえて夜に宮殿内を照らせ。

と命じたところ、数千人が蛍捕りに派遣され、車500台分の蛍を宮殿に届けたことがあるそうです。

日本では豊臣秀吉が、**「松茸狩りに行こう」**と京都の東山へ腰元たちと出かけると言い出し、家臣が慌てて下見に行ったところ、京の町の人によって既にほとんど取りつくされていたので、徹夜で松茸を植えて準備をして秀吉一行を迎えたという話があります。

現代においては組織の活動や目的に関係のない事柄や個人的な嗜好などについては、トップは極力控えてメンバーに迷惑をかけないようにするのがスマートな対応でしょう。

寡黙が格好良いというのではありません。トップの発する言葉は、組織を大きく動かす時のみに効果的に発せられるべきです。太宗はこうも言っています。

——私は毎日会議に出て、一言でも発しようとする時には、この言が人民のために利益があるかどうかということをまず考える。これが口数を多くしない理由だ。

トップが情報を発信し過ぎるのは、そのトップが未熟であるか、既にその組織が活力や求心力を失っているかの、どちらかのはずです。

64

メンバーを論破することの不毛

況《いわ》んや神機《しんき》を動かし、天弁《てんべん》を縦《ほしいまま》にし、辞《じ》を飾りて以て其《そ》の理《り》を折《くじ》き、古《いにしえ》を援《ひ》きて以て其の議を排せば、凡蔽《ぼんぺい》をして何《なに》に階《かい》して応答せしめんと欲する。

【慎言語第二十二　第三章】

神のような知を発揮し、優れた弁説を駆使されて、言葉を飾って理を言い負かし、昔の例を引いて提案を退けられるならば、凡愚な人々は、どのようにしてご質問にお答えできますでしょうか。

太宗は若い頃から武芸の腕が立つだけでなく、弁も立つ聡明な人物でした。しかも太宗は意思が堅固で、なかなか妥協のできない真っすぐな性格であったようです。それは皇帝となってからだいぶ経った頃までも全く変わらない性質だったように窺えます。

貞観16（642）年、太宗が重臣たちと昔の作法などについて議論になると、いつも徹底的に問い詰めて、執拗に質問を繰り返してやり込めることばかりなのを見かねて、劉洎《き》が書

漢文 況動神機、縦天弁、飾辞以折其理、援古以排其議、欲令凡蔽何階応答。

面で太宗を諌めました。そこには、

――トップと一般の人々、優秀な人と平凡な人とは、その間に大きな隔たりがあり、比較することすらできないものです。ですから愚かな人が優れた人に対して、志の低い人が高い人に対した場合、自分がどんなに努力したいと思っても、どうにもならないものです。陛下がお顔を和らげて静かに座ってレベルの低い提言に耳を傾けようとしても、それでもなお普通の臣下たちは自分たちの思うことを十分に述べることはできないものです。

と説明がなされた後に、本項のフレーズが記されていました。

――多くのことを忘れずに記憶していれば心を損ない、多くを語れば気を損ないます。内に心と気をそこなえば、外に身体と精神を疲れさせてしまいます。

と指摘して、即位して間もない貞観元（６２７）年の頃のような謙虚な態度を思い起こして下さいと諫言します。太宗の返書には、

――最近、議論になるとついつい多くを語り過ぎるようになっていた。人を侮り驕るようになるのはこういうことから起こるのであろう。

として、劉洎の直言に従って態度を直ちに改めると書かれていたそうです。

現代の企業において、取締役会や営業会議などの席で、担当者たちの意見や報告を聞いて徹底的にやり込めるようなトップが未だにいると聞き及びます。太宗の謙虚な言葉を肝に銘じてマネジメントを行えば、その企業はもっと業績が良くなるはずです。

デマに惑わされない覚悟を持つ

65

朕《ちん》、毎《つね》に微《び》を防《ふせ》ぎ漸《ぜん》を杜《ふさ》ぎ、用《も》って讒構《ざんこう》の端《たん》を絶つ。猶《な》お心力《しんりょく》の至らざる所、或いは覚悟する能《あた》わざらんことを恐《おそ》る。

【杜讒佞第二十三　第一章】

常にかすかな兆しや変化に目を向け、讒言によって無実の罪をつくりあげる根源を断とうとしている。しかし、それでも心力の及ばないところがあって、気付かないことがあるのではないかと案じている。

——隋の宮廷には讒言をしたりへつらったりする連中が大勢いた。それを見た時、国家に寄生する害虫であると思った。暗愚なトップであれば真に受けないはずはなく、忠義の心を持つ者たちが苦しんでいたのを知った。

貞観元（627）年、太宗は、若き頃に華やかな煬帝の宮殿に参内した時の感想を重臣たちに話します。

——**代乱則讒勝直。（世が乱れている時は、讒言《ざんげん》が直言に勝つ）。**

漢文 朕毎防微杜漸、用絶讒構之端。猶恐心力所不至、或不能覚悟。

という『左伝』にある言葉は嘘ではないことを、過去に見聞きした経験から知っていると述べ、本項のフレーズで普段からの心掛けを説明します。それを聞いて魏徴は、

――君子は定かに見えないところを戒め慎み、聞き知れないところから恐れ慎む。

と『礼記』に書かれていると述べ、トップリーダーが道理に外れて讒言を聞き入れて、組織に忠実なメンバーたちを迫害するようになると、組織のマネジメントはうまくいかなくなって、やがて崩壊に至るので、是非とも太宗には一層の心掛けを願うと諫めています。

他人の足を引っ張ろうとしたり、嫌がらせをしたり、貶めてやろうとしたりすることは、国家であろうと企業であろうと、如何なる組織においても普遍的にあります。

それが嫉妬心からくるものか、自分と違う意見は間違いだという思い込みからくるものなのか、その理由は様々で分かりませんが、他人の意見や意図を理解しようとせず、攻撃をしてくる人は世の中にたくさん存在します。

他人を攻撃するからといって性根が悪いとみなして、組織から直ちに排除する訳にはいきません。そういう人間であっても別の機会や立場においては、個人の良い能力を組織全体のために発揮することもあります。

人間様々ですので、要は組織のトップが讒言や悪口を徹底的に排除して、それに影響された人事や決断をしないという強い姿勢で臨む方が、はるかに生産的であるということです。

真贋の見極めが難しいところですが、心掛け次第でトップの器量が問われるポイントです。

66

一方の意見には加担しない

古《いにしえ》より帝王、上《かみ》、天心《てんしん》に合《がっ》して、以て太平を致すは、皆、股肱《ここう》の力なり。

【杜讒佞第二十三　第三章】

古来からトップリーダーが天命にかなって太平の世をつくり出したのは、皆全て手足と頼む組織のメンバーたちの力によるものだ。

貞観年間のある時、太宗は房玄齢、杜如晦らの重臣に本項のフレーズで語りかけます。

――腹心である皆が諫言したり直言したりする機会をつくっているのは、無実の罪に苦しむ人々の本当の状況を知って、自分の過ちを直すための正しい意見を聞きたいからである。しかしながら、意見書のほとんどは、私事によって発生するトラブルや待遇の不満ばかりで、自分が望んでいたような大きな問題ではなく、些細なことばかりなので取り上げるに値しない。

と不満をぶつけてから、

――歴代の皇帝たちの事績を見れば、重臣を疑うようなトップでは、その真心を知ることが

漢文　自古帝王、上合天心、以至太平者、皆股肱之力也。

できなくなる上、忠誠心ある者が自分の良い考えを述べることができなくなる。ところが愚かな者たちが盛んに讒言をして、組織内の関係をかき乱すようなことをする。これは国家全体に利益をもたらすことではないので、小さな悪事を暴き立てる者があるならば、讒言の罪で厳しく処断する。

と大きく響き渡る声で言明します。

組織において、様々な利害関係や意見の違いから対立が生まれるのは、当然のことです。いろいろな生い立ちや背景、嗜好、目的を持つ大人たちの集団であるからです。機転の利く者であれば、トップや上席にある者に直訴して自分たちの有利な方へ誘導することもあります。

国家組織の下にいる連中に対してでなく、自らの腹心ともいうべき側近たちに向かって、組織の上下を問わず一体であってこそマネジメントは円滑になされると太宗は断言し、そのためには組織のトップリーダーとして皆を信頼するが、容易に騙されたりはしないぞと強い覚悟を示します。

一方の意見に加担しないというバランス感覚は、組織のトップにとって非常に大切ですが、中立に徹し過ぎれば組織の求心力を失ってしまいます。小さなこと、細かなことにまで目配りをした上で、些細なことに惑わされないという強い態度を示すことは時に大切です。

67

マネジメントの初志を貫徹する

朕《ちん》、今、勤めて三事《さんじ》を行う。亦《また》、史官が吾《わ》が悪《あく》を書《しょ》せざらんことを望む。

【杜讒佞第二十三　第八章】

努めて三つのことを実行している。それは記録係が私の悪い点を書かないですむことを望むからだ。

貞観16（642）年、太宗は諫議大夫に就任したばかりの褚遂良《ちょすいりょう》に対して、問い質します。

――皇帝の言動を記録する官も兼ねているが、最近の自分の言行について善悪をしっかりと記録しているのか。

それに応じて褚遂良が、

――史官の記録は、皇帝の一挙一動を全て書き残します。善行は言うまでもなく必ず書き留め、過失もまた隠さずに全て書き記します。

と回答すると太宗は本項のフレーズを述べて、

①歴代王朝トップたちの失敗事例を手本として自らを戒めている

漢文 朕今勤行三事、亦望史官不書吾悪。

②善人を登用して共に良いマネジメントを完成しようと思っている
③多くの小者どもを退けて讒言を聞き入れないようにしている

この三事をしっかりと守って、最後まで変えまいと思っていると覚悟を陳《の》べています。

太宗の治世も後半に入り、未だ40歳代でしたが、若い頃から戦場で身体を酷使し、皇帝となってからも寝る間を惜しんで政務に励んだことから、実年齢以上に老化していたのかも知れません。その衰えを感じ始めていたのでしょう。

太宗の三事、即ちマネジメントにおける三つの原則は、現代の如何なる規模の組織においても有効な基本原則です。これに一項目も加えることも減らすこともない究極の真理です。

この方針を初志貫徹するのだと明言しているところに、太宗のトップとしての優れた資質を垣間見ることができます。太宗は素直で誠実な人柄の努力家であり、そこが多くの優れた重臣たちを惹きつけてやまなかったのでしょう。

唐の時代というのは、古代の堯舜から夏殷周、春秋戦国、秦漢、三国、南北朝を経て隋と、まさに歴代皇帝の事績が、莫大な数の記録として残されていて、尚且つ儒教思想が排他的になる前の時代でしたので、法家などの思想もよく取り入れられており、宋、元、明、清の皇帝たちより、はるかに柔軟な発想で国家をマネジメントすることができました。

太宗の言動に至るところに感じられるのは、その多くが儒教原理主義的な影響が少ないことです。現代経営に違和感なく取り入れやすいリーダー哲学となっている所以です。

68 学んだ上で自ら考える

人と為《な》りては大いに須《すべか》らく学問すべし。

【論悔過第二十四　第一章】

人は誰しも生きている限り、ずっと学び続けなくてはならない。

貞観2（628）年、太宗は房玄齢に対して本項のフレーズを語りかけます。

――群雄割拠する戦乱の時代に生まれ、若い頃から父に従って東西を平定するために戦いの毎日であったので、書物を落ち着いて読んで学ぶことをしなかった。だから今では自室で心静かに読書して過ごしたいものの、政務が忙しいので近侍の者に古典を読ませて聞いている。君臣父子の道、政治教化、仁義の道は、全て書籍の中に書かれている。人が学問をしないのは、ボーッと壁の前に立っているのと同じで、何も見ることができない。だから職務において、心が乱れて正しい判断ができなくなる。嘘ではない。若い時に学問に励まなかったことを自分は後悔している。

と正直に本音を吐露しています。ここが太宗の偉いところで、学問を修めた優れた賢才たちが太宗に心酔した理由の一つでしょう。

農民の生まれで関白太政大臣にまで昇り詰めて日本の大名公家の全てを従えた豊臣秀吉

漢文 為人大須学問。

や、尋常小学校しか出ていないにもかかわらず総理大臣にまでなって優秀な官僚を縦横無尽に使いこなした田中角栄はもちろんのこと、裸一貫で事業を立ち上げたあらゆる企業や組織の創設者も、太宗のこの意見に異論を唱えることはないはずです。

日本人には、老若男女問わず勉強好きな国民性があります。政府から言われなくても「生涯学習」が好きであることは、日本中の様々な場所で、趣味から学問、ビジネスまでの全ての分野において、勉強会がほぼ毎日開かれていることでも分かります。

ここで組織のトップとして、注意しなくてはならないことがあります。

それは読書、つまり学ぶだけではなく、それをもとに自分なりにしっかりと消化して、思想や信念とするまで考えを巡らせるということです。

ドイツの哲学者であるアルトゥル・ショーペンハウエルは、

――**読書とは他人にものを考えてもらうことである。一日を多読に費やす勤勉な人は次第に自分でものを考えることを失っていく。**

――**多読すればするほど、読まれたものは、精神の中に真の跡を留めないものである。**

と文字をさらうだけの弊害について述べています。恐らく太宗は、孔子の『論語』の一説にある、

――**学びて思わざれば則ち罔《くら》し、思いて学ばざれば則ち殆《あやう》し。**

という言葉を聞き学んでいたのでしょう。学問と思索はどちらか一方だけではダメで、両輪であるということです。組織のトップリーダーたる者が忘れてはならない学びの極意です。

自分の欠点を改めることの難しさ

69

朕《ちん》も亦《また》此《こ》の問難《もんなん》有りしを悔《く》ゆ。卿《けい》が言是《げんぜ》なり。当《まさ》に卿の為《た》めに之《これ》を改むべし。

【論悔過第二十四　第五章】

またこのような詰問をしたことを後悔している。貴公の言葉は至極もっともである。必ず貴公のために私のこの欠点を改めよう。

安定し繁栄した平和な時代であった貞観18（644）年、未だ謙虚で慎み続けて驕り高ぶらないことを旨としていた太宗が、

――皇帝に対して進言する場合には、誰もがその意向を忖度して逆らわないようにご機嫌をとって、気に入られようとするものだ。私は今、自分の過ちについて聞きたいと思っている。だから遠慮なく何でも意見して欲しい。

と居並ぶ重臣たちに問いかけると、やや間をおいてから劉洎が進み出て、

――懸案事項について議論したり、提案書を提出したりすることがある際、陛下のご意向にかなわない場合、時によっては大勢の面前で詰問なさることがあります。それ故、意見

漢文 朕亦悔有此問難。卿言是。当為卿改之。

を述べた者や提案をした者で恥じ入って宮廷から退出しない者はいません。こういうことは、他人から本当の意見を求める姿勢ではないように思えます。

と直言しました。

もしかすると太宗は諫言をよく聞き入れていると自負していたので、重臣たちから何も心配することはないという答えを期待していたのかも知れません。ハッと気が付き、本項のフレーズを述べました。

太宗は重臣たちからの意見全てに耳を傾けているように思われますが、意に沿わなければ詰問してやり返していたことが窺えます。

具体的にここで名前は出てきませんが、讜言の全てが太宗の意に適ったという魏徴が、太宗の鑑《かがみ》であったと知り得るエピソードです。

実はこの太宗と劉洎の対話の1年前の貞観17（６４３）年に魏徴は亡くなっていて、太宗は宮廷内を見渡して寂しい思いをしながら、政務に携わっていたのかも知れません。

即位して間もない頃、柔和な顔をしてソフトな態度で接して意見を聞こうと努めた時とは違って、治世も20年近くなると、ソフトさもそれなりに硬化していたのでしょう。ここで気が付いて改めようとするところが、太宗の優れたトップとしての真骨頂です。

しかしながら、如何なる組織においても、どんなに優れたトップが存在していたとしても、長期政権には必ず弊害が生まれることを示唆してもいます。

70

賄賂を受け取ることの損得勘定

群臣《ぐんしん》若《も》し能《よ》く備《つぶさ》に忠直《ちゅうちょく》を尽くし、国家に益《えき》有らば、則《すなわ》ち官爵《かんしゃく》立ちどころに至らん。皆、此《こ》の道を以て栄《えい》を求むること能《あた》わず、遂に妄《みだり》に銭物《せんぶつ》を受く。臓賄《ぞうわい》既に露《あら》われ、其《そ》の身も亦《また》殞《えん》す。実に笑う可《べ》しと為《な》す。

【論貧鄙第二十六　第一章】

よく忠節を尽くして組織に貢献があったならば、役職や職位を直ちに得られるだろう。ところが皆この方法によって出世をしようとはせず、むやみに金や物を受け取り、収賄の罪がバレて処刑されてしまう。本当に笑うべきことではないだろうか。

太宗は貞観初（627）年に本項のフレーズを重臣たちに述べていることから、これはまさに太宗の重要な基本方針の一つです。

――要職にありながら法を犯して金銀などの財宝を受け取る者がいるが、一番大切な生命を失いかねないことを、いったいどうしてするのか。命を失ったら意味がないであろう。

漢文 群臣若能備尽忠直、有益於国家、則官爵立至。皆不能以此道求栄、遂妄受銭物。臓賄既露、其身亦殞。実為可笑。

と太宗は指摘しています。翌貞観2（628）年に、太宗は述べています。

――欲の深い人は本当に財宝を愛することが分かっていない。

――高い官職にある者は、報酬も多く特権的な地位と待遇があるにもかかわらず、大した額ではない賄賂など受け取って、それによって免職されるのは愚かなことであり、小さな利を得ようとして大きな利を失っている者は、財宝の価値が分かっていない証拠ではないか。

と持論を開陳し、『韓非子』外儲説右下にある公儀《こうぎ》休のエピソードを挙げています。

魯の宰相であった公儀休は魚が好物であると知られていましたので、魚を贈る人が多くいましたが、一切受け取りませんでした。見かねた弟子が、魚くらいもらえばいいじゃないですかと尋ねると、魚くらい大臣の報酬でいくらでも買える。タダで人から魚を受け取ったりすれば、その人の言うことを聞かなくてはならなくなるだろうから、そんなバカなことはしたくないのだと答えたそうです。

まさにその通りですが、現実の世界では東西を問わず現在に至っても、高い地位や絶大な権力を持ちながら、賄賂を受け取っている人は絶えません。

現在の中国の腐敗官僚と指弾される人たちは、自分たちの優れた歴史に触れることが全くなく、出世してしまっているのでしょうか。非常にもったいなく、実に不思議なことです。彼らもまた歴史を学ぶべきではないでしょうか。

周囲の人財の幸福を願い、努力する

71

朕《ちん》、終日《しゅうじつ》孜孜《しし》たるは、但《ただ》に百姓《ひゃくせい》を憂憐《ゆうりん》するのみに非ず。亦《また》、卿等《けいら》をして長く富貴《ふうき》を守らしめんと欲す。

【論貧鄙第二十六　第三章】

一心に努力しているのは、ただ人々のことを心配して憐れむからだけではない。重臣たちを長く富貴にしてやりたいからである。


貞観4（630）年、太宗は重臣たちを前にして、本項のフレーズで語りかけます。

――天は高いが身を屈めて立ち、地は厚いけれどもそっと歩いている。

と自分の普段からの心掛けを示し、

――自分が天地を恐れるように重臣たちも法律を注意深く守るならば、人々の生活も安泰であるばかりか、重臣たち自身も常に楽しいであろう。

と述べています。『漢書』から、

――**賢而多財、則損其志、愚而多財、則益其過。**（賢者に財が多ければ、その志を損ない、

漢文 朕終日孜孜、非但憂憐百姓。亦欲使卿等長守富貴。

愚者に財が多ければ、その過ちを生ずる）。

という言葉を引用して、

――トップリーダーたる者は、どうしてかりそめにも財物を貪って名声を失い、子孫にも常に恥ずかしい思いをさせてよいものか。

とも言っています。

恐らくこれほど太宗がしつこく言っても、その言葉に従った者たちは少なかったのでしょう。このエピソードが『貞観政要』に収録されているのが、明らかな証拠です。

太宗の治世は中国史上で最も平和と安定を享受していました。しかしながらそれでも贈収賄が完全に一掃されることはありませんでした。確かに中国史においては、比較的少なかった平穏な時代であったと言えます。

組織のトップとして太宗は、現代組織における一般消費者《エンドユーザー》や利害関係者《ステークホルダー》のことだけでなく、何よりも自分の腹心たちである組織のメンバーの幸せを願って、日々努力していたことが本項のフレーズから窺えます。

このあたりが、優れた多士多彩の人財を周りに集めた太宗が、トップリーダーとして持ち合わせた大きな魅力の一つでもあったようです。

知識と行動が伴う人財を登用する

72

政《まつりごと》を為《な》すの要《よう》は、惟《た》だ人を得《え》るに在《あ》り。用うること其《そ》の才に非《あら》ざれば、必ず理《り》を致し難し。今、任用する所は、必ず須《すべか》らく徳行学識を以て本《もと》と為《な》すべし。

【崇儒学第二十七　第四章】

マネジメントを行う要点は、ただ人財を得ることだ。もし能力のない人間を登用すれば、必ずマネジメントすることが困難なものになる。人財の任用にあたっては、必ず徳行と学識とを基準とするべきである。

貞観2（628）年、太宗が本項のフレーズを述べて意見を重臣たちに求めた際、――組織に属するメンバーは学問をしていなければ、歴史上の人物の言行を知ることができず、そのためマネジメントの重責は任せられないものです。

諫議大夫の王珪が進み出て、前漢の昭帝の時に起きた偽太子事件について述べました。昭帝は中国史上において名高い皇帝の一人である武帝の末子です。武帝の長男である衛太子は、冤罪によって父から追放されて亡くなります。世間も悲運の皇太子に同情的でした。

漢文 為政之要、惟在得人。用非其才、必難致理。今所任用、必須以徳行学識為本。

その皇太子を名乗る者が、弟の昭帝が治める平和な時代に、宮殿に乗り込んできます。
応対した重臣たちが昔の記憶をたどりながら問い質し、本物か偽物か決めることができずに、オロオロしている時、京兆尹（都の長官）の雋不疑《しゅんふぎ》が駆けつけて、太子を名乗る者を直ちに逮捕して牢屋にぶち込みました。春秋時代にあった同じような偽太子事件の史実を思い出した雋不疑の機敏な措置でした。迅速な行動に感じ入った昭帝が、

――大臣には学問があって故事に詳しい者を登用しなくてはいけないものだ。

と述べたという逸話を説明した上で、王珪は次のように指摘します。

――雋不義のような即断即決できる優秀な人財こそ、組織において得難く、先例主義の小人物は組織にとって害をなすばかりです。

学問に秀でた人財は如何なる組織においても必要ですが、それだけでは足りず、知識も持っていて行動にも移すことができる意識の高い人財でなくてはダメですよと王珪は、太宗の示す条件をさらに良くして、現実的なアドバイスを述べている訳です。

因みにこの名乗り出た衛太子は、偽物であったということで処刑されます。このエピソードは、徳川吉宗のご落胤と称する天一坊が平和な江戸時代中期を騒がせた事件と相まって、お江戸の京兆尹ともいうべき町奉行の大岡忠相の見事なお裁きネタの一つとなりました。

この二つの事件は、実は偽物などではなく本物だったという話があり、治安維持を最優先とする判断で、有無を言わさず偽物として処理してしまったとも言われています。

学問によって人格を完成させる

73

夫《そ》れ人、定性《ていせい》を稟《う》くと雖《いえど》も、必ず須《すべから》く博く学びて以《もっ》て其《そ》の道を成すべし。

【崇儒学第二十七　第六章】

人というものは定まった性質を天から授かって生まれるものだが、必ず博く学問をしてその道を完成させなければならない。

ある時、公文書を統括する中書省の長官である岑《しん》文本に対して、太宗が本項のフレーズをもって語りかけました。

春秋戦国時代の弁論家で知られた蘇秦が錐で股を刺して眠気を払って読書し続けたこと、前漢の時代に儒教を国学とすることを献策した董仲舒が、部屋のカーテンを閉めて3年間も家の庭を見ることなく読書を続けたという二つ故事を引き合いに出してから、

――学問は努力しなければ、その名が世に知られるまでにはならないものだ。

と太宗は結論付けます。すかさず岑文本は、

――人の性質というものは似たようなものですが、感情は移り変わるものです。学問をする

漢文 夫人雖稟定性、必須博学以成其道。

ことによって感情を飾り、その性質を立派にするようになすべきです。

と述べてから、『礼記』の次の言葉にふれ、

――玉も磨かなければ立派な器にできあがらず、人も学問をしなければ道を知ることはできない。

と昔から人々は学問をして、立派な人格を磨き上げること、「徳」を高めることに余念がなかったことを説きました。

第68項で太宗自身が述べている通り、学問は単に知識を増やして立身出世を目指すための手段でなく、立派な人格を磨くために重要なことであることを皇帝となってから痛感します。『**石の上にも三年**』の諺がある通り、学問や芸術は現在でも3年くらいの期間に集中して習得をすると良いと言われています。おおよそ1000日でしょうか。

1週間に1回の読書やレッスンであれば、1000週間かかるでしょうから、20年くらいになりますが、毎日やれば3年間で済む訳です。語学もスポーツも毎日やればこそ上達するものです。

仕事も同じです。如何なる業務も、3年あればたいていのことはやれるようになるはずです。しかしながら、その3年間が我慢できずにいったん組織に入っても諦めてしまう人が多いのは、誠に残念なことです。

記録を残すよりも大切なこと

74

凡《およ》そ人主《じんしゅ》為《た》るは惟《た》だ徳化《とくか》に在《あ》り。何ぞ必ずしも文章を事《こと》とするを要《よう》せんや。

【論文史第二十八　第二章】

トップたる者は全て、ただ皆を教え導くことが大切である。必ずしも文章にして後世に名を残す必要はない。

貞観11（637）年、鄧崇という文章担当の役人が、太宗の文章を編纂して文集を発行して後世に残したいと申し入れてきました。

――善政を行って人々に利益があったならば、歴史官が記録して未来永劫に残るであろう。政治を乱して人々を害することがあったならば、たとえ美しい文章であっても結局は後世の笑いものになるだけだ。

として、太宗は不許可としました。こういったところが、太宗の格好良いところでしょう。

太宗は、後梁の武帝と簡文帝、陳の後主、隋の煬帝が長編の文集を編纂して残していることを挙げ、人々を苦しめた統治をして、結果として国を滅亡に追いやったことを見れば、文

漢文 凡為人主惟在徳化。何必要事文章耶。

集を残すことよりも、正しい政治を行うことが大切であると断言します。

隋の煬帝は、日本においても暴君として知られています。あまりにも酷かったので、日本では普通は「帝」を漢音で「てい」と読みますが、煬帝だけは特別に呉音で「だい」と敢えて分けて読む習慣になっているほどです。しかしながら、煬帝は実際は詩作を含めて、個人的な才能には非常に恵まれていた人であったと伝えられています。

陳の後主は、煬帝がまだ父の文帝の下で晋王だった頃の589年、総勢50万の大軍を率いて都の建康（現在の南京）を攻めた際に降伏した南朝陳の最後の皇帝です。

陳の後主は国のトップとしては無能でしたが、その文学的センスは極めて高く、詩人としては今日においても高い評価を得ています。この陳の後主は洛陽に移され、酒浸りの末に604年に病死した際、長城県の「煬公」と隋の煬帝に諡《おくりな》されました。

礼を失った者、身を滅ぼした愚かな者を意味する「煬」という漢字ですが、陳の後主に諡した煬帝自身が、後に同じ諡号を唐の高祖によって諡されます。

陳の前が南朝の梁です。初代皇帝の武帝である蕭衍は、梁の前の斉の皇族でしたが、斉を滅ぼして新しい王朝を建てました。若い頃から文武両道で知られ、皇帝となってからは中国史上では珍しく仏教に帰依し、仏典の解説書を著すほどの才能がありました。

武帝の次男の簡文帝も、父や夭折した兄の昭明太子と同じく文才に恵まれていて、今日でも多くの詩が残されています。

75

自分の仕事は後世に評価される

人君《じんくん》、過失有《あ》るは、日月《にちげつ》の蝕《しょく》の如《ごと》く、人、皆、之《これ》を見る。設《たと》え遂良《すいりょう》をして記せざらしむとも、天下の人、皆、之を記せん。

【論文史第二十八　第四章】

皇帝に過失がある時は、日食や月食と同じで、褚遂良に記録させなくても、世の中の人々誰しもの心の中に記憶されてしまうものです。

貞観10（636）年、房玄齢、魏徴らが南朝と隋についての歴史書を編纂し終えたことを労《ねぎら》って、太宗は、

――良い歴史書は善も悪も必ず隠さずに書いてあるから、悪をこらしめて善を勧めるのに役立つであろう。

と大変喜びました。

その太宗が、貞観13（639）年に褚遂良が諫議大夫と起居注（皇帝の左右に控えて言行を書き留める書記官）を統括する職務に就いた時、

漢文　人君有過失、如日月之蝕、人皆見之。設令遂良不記、天下之人皆記之矣。

——いったいどんなことを書いているのか知りたい。少しだけで構わないから見せよ。

と尋ねると、褚遂良に訝《いぶか》しまれたのを察して、

——いや、誤解しないでくれ。自分のどんな善い点と悪い点が書かれているのかを見て、今後の戒めにしたいだけだ。

と慌てて言い訳をすると、褚遂良は目を三角にして、

——善悪にかかわらず必ず書き記すものです。皇帝が法に外れた行為をしないことを願うものですが、皇帝自身が記録をご覧になるという例は、大昔から聞いたことがありません。

と詰め寄りました。太宗が、

——悪いことも書いてあるのか。

と恐る恐る尋ねると、褚遂良は、

——ありのままです。

と憮然として答えます。

するとa劉洎が進み出て、本項のフレーズで太宗を諭します。さすがの太宗もグーの音が出ずに諦めました。バツの悪そうな太宗の表情が浮かびますが、子供のようなやんちゃさを大人になってまで持っていた太宗の魅力が窺えるエピソードの一つです。

中国の歴代王朝にはこのように絶対権力者にもアンタッチャブルな歴史記録官がおり、これが絶対権力者の勝手な行動を抑える一定の役割を果たしていました。

76

トップは自らを虚飾すべきではない

今、自ら国史を看《み》んと欲するは、若《も》し善事《ぜんじ》有らば、故《もと》より論ずるを須《もち》いず。若し悪事有らば、亦《また》、以て鑒誡《かんかい》と為《な》し、便《すなわ》ち自ら用《もっ》て修改するを得《え》んと欲するのみ。

【論文史第二十八　第五章】

自分が歴史の記録を見たいと思うのは、もし善いことがあれば、別に論ずる必要はなく、もし悪いことがあったならば、それを戒めとして自身で改めることができるように思うからだ。

前項で褚遂良と劉洎に諭された太宗ですが、翌貞観14（640）年に房玄齢に対して、

――昔の歴史書を読むたびに、将来のためになるような例が多くあり、戒めに役立っている。

しかしながらいったいどうして同時代の皇帝自身の記録を見せない慣習があるのか。

と懲りずに相手を代えて問い質します。房玄齢はすまし顔で、

――皇帝の御心に逆らうことが記されている恐れがあるからでしょう。それ故、皇帝は見る

漢文 今欲自看国史者、若有善事、故不須論。若有悪事、亦欲以為鑒誡、便得自用修改耳。

ことができません。

と答えます。そこで太宗は本項のフレーズで応じます。

自分は昔の皇帝たちとは違い、邪《よこしま》な思いで自分の記録を見せろと要求しているのではないと正当化している訳です。

それでも見せてもらえないと観念してか、要点だけまとめた文書を提出せよと命じます。そこで房玄齢らは、高祖と太宗の実録記を簡易版としてまとめあげます。

父である高祖の武徳9（626）年6月4日の「玄武門の変」の記録を読み、太宗が兄と弟を殺した事件について、曖昧に記されていることを見付けて、

——記録係が筆を執って実録を書くのに、どうして隠すという手間をかける必要があるのか。

虚飾の言葉を削り改めて、事実をありのままに書くべきである。

と房玄齢を問い詰めます。すると魏徴がすかさず進み出て、

——陛下が史官にその記録を訂正させようとしないことは、本当に公正無私の道に合致します。これは世の中にとってこの上もなく幸いでございます。

と記録の書き換えも命じることが容易にできるにもかかわらず、それをなさらないのは素晴らしいと魏徴が褒めます。

魏徴の、おべんちゃらのようで嫌味なく、トップの虚栄心をくすぐるような表現、言い換えれば褒め殺しをして止めさせるテクニックは見事の一言でしかありません。

太宗に仕えた名臣たち　その十二

褚遂良《ちょすいりょう》（596～658）

名門貴族の家に生まれた。隋末の大乱で、当時秦王だった李世民の軍に敗れ、李世民の配下となった。文学や歴史に詳しく、また隷書や楷書に巧みだった。

太宗が「虞世南が亡くなり、書を論じ合える者がいなくなった」と嘆いていたが、魏徴が褚遂良を推薦し、褚遂良は太宗の書の顧問となった。太宗は王羲之《ぎし》の書を好み、全国から広く集めたが、その真偽を褚遂良が判定し、間違いがなかったと言われている。欧陽詢、虞世南とともに「初唐三大家」の一人に数えられている。

のち、諫議大夫となり、太宗が亡くなる時には、太宗から長孫無忌とともに後事を託された。帝位を継いだ高宗が武昭儀（のちの則天武后。もとは太宗の後宮にいたが、いったん尼になり還俗させていた）を皇后に立てることに反対し、ついに地方に左遷され、そのまま亡くなった。名誉が回復されたのは死後46年経ってからだった。

なお、高宗の陵である乾陵には王羲之の碑文が埋蔵されていると言われているが、未だ発掘されていない。

4

引き際の美学を求めて

77

それぞれの人財に応じた役割がある

夫《そ》れ大臣に委ねるに大体《だいたい》を以てし、小臣を責《せ》むるに小事を以てするは、国を為《おさ》むるの常《つね》なり。治《ち》を為《な》すの道なり。

【論礼楽第二十九　第九章】

そもそも幹部に大きな戦略策定を委任し、ヒラに日常業務の責任を持たせるのは、組織マネジメントの常道であり、効率的なマネジメントを行う正しい方法である。

貞観14（640）年、魏徴が組織における人財マネジメントについて、太宗へ提出した上申書の中に本項のフレーズがあります。

あまりにも当たり前のことで、何ら新しい知識を見い出せないと思いがちですが、実は非常に重たい言葉です。

通信やインターネットのみならず人工衛星で全世界を監視することができる現代と比べて、1400年以上前の国家組織において、大勢の優秀な官吏たちを巧みに操り使うことは、はるかに難易度が高かったはずです。

漢文　夫委大臣以大体、責小臣以小事、為国之常也。為治之道也。

様々な試行錯誤や紆余曲折の上での経験値を経て生まれたのが、本項のフレーズではないでしょうか。

水が高いところから低いところに流れるように、組織マネジメントにおいても、大きなプロジェクトや責任ある任務、中でも経営戦略の策定などは、それなりの実務と人生経験のある者に任せることが間違いなく、日常業務の類《たぐい》しか処理してきていない者に、無理難題となるような大きな責任をともなう仕事は押し付けてはいけないことが重要であるという指摘です。

世の中には確かに抜擢によって功名を成す者もいない訳ではありませんが、これは能力ある人財が埋もれているような組織や、既に弱体化していたり、老朽化していたりするケースでしょう。

効率的なマネジメントの要諦は、適材適所というよりは、むしろ「適所適材」の組織にあるということです。

人はそれぞれの食べる量や飲める量に差異があるように、仕事を処理する量にも差異があります。これは人格には全く関係のない個人に備わった能力です。

もちろん大きな仕事を成す人は、人柄や性格が悪いとは言いませんが、清廉潔白だからといって新人に組織のリーダーをさせて結果を出させるのは無理というものです。

抜擢人事や即戦力の人財といった言葉は響きが良いですが、極めて稀なことで現実的ではありません。

合理的な感覚で物事を捉える

78

夫《そ》れ音声《おんせい》、豈《あ》に能《よ》く人を感ぜしめんや。歓《よろこ》ぶ者之《これ》を聞けば則《すなわ》ち悦《よろこ》び、憂うる者之《これ》を聴けば則《すなわ》ち悲しむ。

【論礼楽第二十九　第十二章】

いったい音声というものが、どうして人の心を動かすことができようか。喜ぶ者が音楽を聞けば喜び、憂うる者が聞けば悲しくなるだけだ。

貞観2（628）年、宗廟と祭祀を預かる太常官の次官である祖孝孫が、新しくつくった「雅楽」の完成披露をしました。その時、太宗が重臣たちに尋ねます。

――礼楽とは、礼節と秩序をもたらすために音によって人々の心を和ませるものだが、政治の善悪が音楽によって決まることがあるのだろうか。

すると御史大夫の杜淹《とおん》がもっともらしい顔をして進み出て、説明します。

――前代の興亡は実に音楽によるものです。陳が隋に滅ぼされた時に、『玉樹後庭花』という陳の後主が作った曲が流行り、斉が梁の武帝に滅ぼされた時には、『伴侶曲』が流行

漢文 夫音声豈能感人。歓者聞之則悦、憂者聴之則悲。

りました。道行く人もこの音楽を聴いて悲しみ泣かなかった者はいなかったと言われています。これらこそが「亡国の音色」ともいうべきものでしょう。ですので、国家の滅亡は実は音楽と深い関係があるはずです。

太宗は「それは違う」と杜の意見を退けて、本項のフレーズを述べます。そして、

――滅びかかった国の人々は、苦しんでいるものだ。苦痛の心で音楽を聴くから、何を聴いても悲しくなるのだ。この2曲は今でも残っているので、貴公のために演奏させよう。それを聞いて果して悲しくなるだろうか。

と言うと魏徴が進み出て、『論語』陽貨篇を引用して、

――『礼儀、礼儀というが、まさか贈り物の宝石や織物のことか。音楽、音楽というが、まさか鐘や鼓のことをいうのか』とありますが、音楽というのは人の和を反映するものですので、国の滅亡が音調のせいであるはずはありません。

と述べると、太宗は「その通りだ」と賛意を示した。

唐は大帝国でしたが、現代の感覚からすれば、まだまだ前近代的な迷信が広く信じられていました。伝統的に超自然的なものを信じない中国人ですが、特にこの時代には『唐代伝奇』というオカルト小説のジャンルが後世にできるほど、迷信が流行りました。

そういった中で、太宗と魏徴の感覚は合理的で、現代人と全く変わらない発想の持ち主ではなかったのだろうかと窺えるエピソードです。

79

外様の人財にも礼をわきまえる

見在《げんざい》の将相《しょうしょう》、多く曾経《かつ》て其《そ》の駆使《くし》を受けたる者有り、既に一日の君臣と為《な》る。今若《も》し重ねて其の擒獲《きんかく》せらるるの勢いを見れば、必ず忍《しの》びざる所《ところ》有らん。我、此等《これら》の為《た》めに、為《な》さざる所以なり。

【論礼楽第二十九　第十三章】

現在の将軍や大臣たちの多くは、かつて敵に仕えていた者があり、1日でも君臣関係を結んでいた。今もし再度、舞の中で昔の主人が捕らえられて殺される様子を見たならば、心に忍び難いものがあるであろう。それ故、私は皆のために具体的な描写をさせたくない。

国賓を招いた時などに、日本の伝統文化の一つとして「雅楽」が催されます。これは奈良や平安時代に大陸から伝わった音楽と舞が、日本古来の舞楽と融合して生まれた芸術です。「雅楽」の演目として有名な『蘭陵王』は、隋の前の北周に滅ぼされた北斉の王族で、眉目秀麗の将軍を主人公としたものです。蘭陵王が敵に侮られないために鬼の仮面を付けて大勝利を収めたのを讃えた曲が、日本に伝えられて今日まで残っています。

漢文 見在将相、多有曽経受其駆使者、
既為一日君臣。今若重見其被擒獲之勢、
必有所不忍。我為此等、所以不為也。

隋末の群雄たちを征伐して唐が統一を果たしたことを讃えて生まれた「破陣楽の舞」という「雅楽」が、太宗の治世下で流行ったそうです。その舞について、貞観17（643）年に蕭瑀が唐の偉業を讃えるには十分ではないので、太宗が滅ぼした竇建徳、王世充、劉武周、薛挙の顔をもっと詳細に描写してはどうかと建言します。すると太宗は、

――戦乱の苦しみにある人々を救おうと願って、彼らを止むを得ずして成敗した。そのことを讃えてできた舞だが、大雑把な粗筋のものだ。正確に描写したりしたならば、舞の中の登場人物が誰であるか容易に特定できるようになるであろう。

と賛同するようなことを言ってから、本項のフレーズを述べて太宗は、蕭瑀に翻意を促します。蕭瑀は「そこまでは思い至りませんでした」と陳謝しました。

太宗は惻隠《そくいん》の情を知る人物であると知ることができるエピソードですが、敵対して降伏した者の中で有能な人財を遠慮なく登用しましたので、太宗の宮廷はさぞ昔の仇敵で溢れていたことが窺い知れます。

天下の覇をなす英雄たる者は、これほど懐が深くなければ、大業をなせないのでしょう。

現代の企業に置き換えてみれば、競合相手から移籍して来た者や吸収合併した先の幹部だった者を多く抱えている経営トップが、組織内においては他所から来た者の面子や心情を慮《おもんぱか》る爽やかさを持っているという感じでしょうか。トップリーダーたる者がとるべき正しい態度と礼儀は、かくあるべきだと教えてくれています。

メンバーの生活安定を第一とする

80 凡《およ》そ事《こと》は皆、須《すべか》らく本《もと》を務《つと》むべし。

【務農第三十 第一章】

全ての物事は、基本を尊重することに努力するべきである。

貞観2（628）年、太宗は重臣たちに本項のフレーズで語りかけました。続けて、**――国は人を以て本と為し、人は衣食を以て本と為す。**

つまり、国家組織においては治める人々が根本にあり、人々の暮らしにおいては衣食が根本にあると断言しています。

食糧生産のための種まきや農繁期のタイミングを、戦争や公共工事で失ってはいけないので、外征したり宮殿を造営したりする欲望を抑えて、国を平和にして人民を安らかにする責任がトップにはあるという訳です。

組織のリーダーは、組織に属するメンバーとは違った視野、視点、視座でマネジメントを行っています。

事業拡大を目指す意気軒高な経営トップは、景気や市場動向が安定期を迎える前に、思い

漢文 凡事皆須務本。

切って海外市場へ進出するために工場を新設したり、M&Aを行ったり、または研究開発センターを建設したりして、先手を打ちたがるものです。

しかしながら、組織に属するメンバーは様々な事情や背景、経緯によってその組織で仕事をしているのであり、トップの志に共鳴して無条件に大賛成してメンバーとなっている者は限られています。やはりそれぞれの家庭や個人の生活が基本としてあり、その生活が安定した上での組織における活動があります。

これに異を唱える経営トップは多くいるはずです。

——ウチの組織にメンバーとしておいてやっているから、生活が成り立つんだろう。業務優先が当然だ。

それもかつては一理ありましたが、教育や文化レベルが高くなった上、平等意識が強く高度情報化した先進国家の社会においては、こういったトップは傲慢の誹りを受ける時代になっていることをオーナー経営者は特に留意する必要があります。

隋の煬帝の時代に過酷な政治で疲弊し、隋末唐初の戦乱期で人口が激減し、食べることすらままならなかった頃を知る人々が、平和と安定を享受している太宗の時代、感謝しても文句を言う筋合いはありませんが、太平となるや不平不満ばかり口にするようになります。しかしながら、それでも太宗は人々の暮らしを第一とすることに努力を怠ることはありませんでした。

81

天に恥じない行動を心掛ける

謂《い》う勿《なか》れ知る無しと。高きに居《お》りて卑《ひく》きに聴く。謂う勿れ何の害あらんと。小を積みて大を成す。

【論刑法第三十一　第四章】

天は知ることがないと言ってはいけません。天は高いところにいても低い人間界のことをよく聴き知っています。何の害があろうと言ってはなりません。小さな悪事が積み重なって大きな悪事ができ上るものです。

貞観2（628）年に張蘊古《うんこ》という役人が、太宗に奉った優れた文章の中にあるのが本項のフレーズです。悪いことをしてはならないという教えとして、「お天道様が見ている」とか「天網恢恢疎にして漏らさず」と昔は言われていました。

後漢の時代、楊震はある晩に自邸へ訪ねて来た旧知の王密から、昇進したことへの感謝として金10斤贈られそうになりました。誰も見ていないから心配なく受け取りなさいと言う王密に対して楊震は、**「天知る、地知る、我知る、汝知る」**の四知を述べて拒絶しました。

漢文 勿謂無知。居高聴卑。勿謂何害。積小成大。

天も地も知っているし、私も君も知っていれば、それで誰も知らないと何で言えるのかという訳ですが、確かに楊震は少しでも受け取ったならば、王密に弱みを握られることになります。金10斤の賄賂でも一度手を付けてしまえば、それからなし崩しで100斤、1000斤と高額になり、取り返しのつかない事態になってしまいます。

儒教は**「怪力乱神を語らず」**ですので、天に神がいると信じた高官たちは少なかったでしょうが、悪事や悪企みは容易に人々に知られてしまうという経験値があったのでしょう。

小さいことを積み重ねれば大きくなることは、悪い表現だけでなく、地道な努力が積み重なって大きくなるという良い表現でも使われています。何事も小さなことから始まるということを肝に銘じなくてはなりません。

楊震は『後漢書』に伝記が設けられているほどの優れた政治家で、前漢以来代々と続く名臣の家の生まれです。楊震の曽祖父である楊惲の母はあの司馬遷の娘でした。楊震から子孫四代にわたって宰相に任じられたことでも知られています。

唐の前の王朝である隋の建国者である楊堅は、この楊震の14世の子孫を自称していました。**【論忠義 第十四】**に太宗が楊震の墓のそばを通りかかった時に、わざわざ墓所まで皇帝が足を運んだので、その姿を見て感動した房玄齢の言葉が載せられています。

――これは死んでも生きていると同じく、その名が不朽であるということだ。

意志決定の間違いを回避する

82

渾渾《こんこん》として濁《にご》ること勿《なか》れ、皎皎《こうこう》として清《す》むこと勿れ。汶汶《もんもん》として闇《くら》きこと勿れ、察察《さつさつ》として明らかなること勿れ。

【論刑法第三十一　第四章】

ドロドロと濁ってはならない。また透き通るほどに澄んでもいけない。汚く暗くあってはならないが、細かいところまで明らかにしようとしてはいけない。

前項に続けて、張蘊古がトップの心の持ち方について説いているのが本項のフレーズです。

――形に現れない物を見抜け、声なき民の声を聴け、精神を最も高みへと自由に放て。

と述べ、太宗の人々を思いやる治世に皆、喜んで服従しているものの、この状態がいつまでも続くという保証がないので、太宗には、

――自分は身分が高いと誇って、徳の優れた人に対して威張り、立派な人物を侮ってはいけません。自分を智慧があると思って、諫めを拒絶し、自分の才能を誇ってはいけません。

と諭します。そうやって頭を低くして、世の賢才を集めることが大切であると指摘します。

漢文 勿渾渾而濁、勿皎皎而清。勿汶汶而闇、勿察察而明。

――人を使うには心から思いやり、言ったことは実行して応えなければならないものです。

太宗は非常に喜んで、張蘊古に褒美を取らせ、大理寺（最高裁判所）の次官に任じました。

張蘊古は才能のある人物で、太宗の期待によく応えて仕事をします。貞観5（631）年に張蘊古の知人が精神の病から妄言を吐いて回ったことから、取り調べを受けることになり収監されました。張蘊古は太宗から赦免を得るように奔走し、罪に問うほどのことではないとして許されそうだとの感触を得て、いち早くその知人に知らせました。

正式な沙汰が出る前に獄から出して博打をやって慰労したところ、密告によって太宗に露見してしまいます。激怒した太宗は張蘊古を死罪に処しますが、後に後悔して房玄齢に対して、

――怒りに任せて処刑したが、法律に従えば死刑にするほどのことではなかった。しかし、重臣の誰もが一言も諫めることがなく死罪となったことは遺憾だ。死刑に相当する罪であっても、必ず五度重ねて取り調べをしてから決定せよ。

と指示をし、この張蘊古の死刑以来、「五覆奏」と定められました。

トヨタ生産方式の創設者である大野耐一は、問題を起こした要因を追及して対策を打つための手段として、「なぜなぜ」と5回繰り返して自問自答して真因を解明して再発防止することを提唱しました。なぜ3回や7回でなく5回なのかという質問がよくなされますが、5回くらいまで突き詰めると、経験的に問題の原因がたいてい判明したからだそうです。

太宗の後継者たち　その二

太宗には14男21女に恵まれた。父の高祖も22男と20女となかなか精力的な家系だ。

長孫皇后との間にできた三男二女が、太宗の正嫡とされていた。太子李承乾、魏王李泰、晋王李治（のちの高宗）、長楽公主李麗質（長孫沖に降嫁）、新城公主(魏徴の息子と婚約したが、長孫詮に降嫁、さらに韋正矩に再嫁）だ。

太宗は自分とも性質が似ていて武術に長けた李泰を非常に可愛がっていたが、太子と後継者争いをしたことから二人は両成敗となり、隋の煬帝の娘との間にできた息子の呉王李恪(三男)を皇太子にと考えた。

李恪も文武両道で覇気もあり、太宗の自慢の息子であった。しかしながら、隋を滅ぼした唐の功臣たちは、李恪が即位すれば母方である隋の恨みをはらすべく、自分たちが復讐されるのではないかと恐れて反対をした。

特に長孫無忌は自分の妹の生んだ甥で、おとなしい性格の李治ならば、後々皇帝となっても操りやすいと考え、李恪について讒言を行って太宗の意志を断念させた。

その治が即位してから3年ほどたった頃、太宗の五女である高陽公主と夫の房遺愛（房玄齢の息子）、太宗の七女である巴陵公主と夫の柴令武（柴紹と太宗の姉との間の子）らが、太宗の弟である荊王李元景を擁立するという謀反事件を起こした。

房遺愛、柴令武らは斬られ、皇族である二人の公主と荊王、呉王は自殺を強いられた。

陰謀に加担した荊王はともかくとしても、事件に全く関与せず連座させられた呉王は、長孫無忌の陰謀だと訴え、

「自分の権力のために無実の罪を着せるのか。遠くない将来にお前の一族も誅殺されるぞ」

と叫んで毒を仰いだ。

それから6年後、長孫無忌はでっち上げられた謀反の嫌疑で流刑となり、配所で首をくくっ

た。その際に、

「操りやすいと思って、李治を選んだが、操りやすい者は、他からも操りやすいことだったか。今を思えば、優れた李恪を選ぶべきだった」

と後悔の言葉を口にしたという。

長孫無忌が選んだ甥の高宗は、皇后の尻に敷かれて政務をゆだねるようになり、結果として権力を握った則天武后は、皇后に立てられる時に反対されて以来、一貫して政治的に対立していた長孫無忌を失脚させたのだった。

則天武后は、高宗との間の二人の息子以外の皇族40人近くを処刑し、それ以上の対立する貴族たちを文字通り葬り去った。

太宗の子孫や政治的な後継者たちは、こうして悲惨な末路を余儀なくされた。

トップは安定期にも緊張感を持て

83

禍福《かふく》相倚《あいよ》り、吉凶、域《いき》を同じくす。惟《た》だ人の召《まね》く所のままなり。

【論刑法第三十一　第七章】

禍福とは互いに隣り合っています。つまり吉と凶とは同じ場所にあり、ただ人の善悪の行いによって、それぞれ招かれて来るものです。

貞観11（637）年、魏徴が太宗に上申書を送って、刑罰について提起しました。「刑罰を慎重に行う」「刑罰の実施には情けをかける」「トップが残酷でなければ仕えやすく、幹部に邪心がなければ、刑罰を行う必要はない」といった『書経』や『礼記』から故事を引いて説いた後、魏徴は次のように厳しい言葉で太宗に諫言をします。

――お言葉では大まかで小さいことにこだわらないと仰りながらも、お心の中では細かいことまで見抜こうとされています。それならば刑と賞の与え方に問題が生じるはずです。と述べてから、最近の賞罰は、好悪によって伸び縮みがあり、喜怒によって軽重されていると厳しく指摘します。

漢文 禍福相倚、吉凶同域。惟人所召。

そして、太宗がくつろいでいる時は老子や孔子のやり方を尊敬するような高尚な話を好みながら、時には怒りに任せて申子や韓非子などの厳しい法家思想で責め、過酷な法で罰を与えることがあり、それも些細なことが希望に叶わなかったということで賞罰を加えているという実情を見かねて、魏徴は本項のフレーズで太宗を諫めます。さらに

――隋がまだ安定して平和だった頃、いつか滅ぶようなことがあるとは思いもせず、外征や土木工事などを毎年にわたって行って人々を苦しめていました。それなのに煬帝は自分が殺される瞬間までも滅亡する理由を悟ることがありませんでした。実に憐れむべきです

と魏徴は述べてから、

――顔の美醜を見るには、必ず止水を鏡とし、国の安危を考えるには、必ず亡国を手本とします。

と説き、太宗に欲望を抑えて慎み深くしっかりとマネジメントに精を出すように願い出ます。

――**君子は安くして危うきを忘れず、存して亡を忘れず、治まって乱を忘れず、それ故に身は安らかにして国家を保つことができる。**

と『易経』にある通り、くれぐれもこのことを忘れないようにと訴えます。

太宗は魏徴の諫言が綴られた文書を読み、初心に戻るべくその進言を採用して態度を改めたそうです。**「禍福は糾える縄の如し」**と言われていますが、その「禍福」は自らの行いや考えによって招かれているものだということは、現代の人でもなかなか気付かないものです。

84

安易に悪を許さないという姿勢

夫《そ》れ小仁《しょうじん》を謀《はか》る者は、大仁《たいじん》の賊なり。故に我、天下を有《たも》ちて已来《いらい》、絶《た》えて赦令《しゃれい》せず。【論赦令第三十二　第一章】

そもそも小さい仁を行おうと計画する者は、大きな仁を盗もうとする者と同じだ。だから、自分はトップとなってから、絶対に恩赦を行わなかった。

——世の中には愚者が多く智者は少ない。智者は決して悪事に手を染めず、愚者は法を犯し破る。

と太宗は、貞観7（633）年に重臣たちに語りかけました。

続けて、もし恩赦を与えたとしたら、ただ法を犯した者たちだけが得をすることになるのではないかと疑問を呈します。

——小人の幸いは君子の不幸である。1年の内に二度も赦免を行えば、善人は口を閉ざして嘆息する。

と昔から言われているので、邪な人が得をするようなこと、さらには善良な人がより損をす

漢文　夫謀小仁者、大仁之賊。故我有天下已来、絶不赦令。

るようなことはしたくないと太宗が話します。

周の文王は刑罰を定め、罪のある者に刑罰を課して決して赦すことはなかったことや、諸葛孔明は10年にわたって蜀を治めながら一度も恩赦を行わなかったが、蜀は平和に治まったこと、一方で毎年恩赦を幾度となく行った梁の武帝は国を傾かせたといった歴史的な事例に言及した上で、太宗は本項のフレーズを述べました。

太宗は即位してからこの時まで、恩赦を行っていませんでしたが、天下は安寧に治まっていました。太宗は、

――恩赦というような非常の恩恵は、安易に行ってはいけないものである。恩赦を与えれば、愚者はいつも万一の幸運を願って法を犯し、過ちを改めることができなくなる。

という持論を開陳します。

そもそも恩赦は国家のトップの特権であり、トップの慶弔の際に天に代わって慈悲を示すものである一方、前のトップにおける悪政を代替わりの際にチャラにして次のトップの治世が始まるという性格もありました。

太宗が恩赦を施すことに極めて否定的なのは、隋末の暴政や動乱において限りなく人心が荒れ尽くした後、唐によって善政が敷かれているので、恩赦を行って人々の支持を獲得する必要がないという自信がしっかりとあったからでしょう。

「賞罰」は、巧みな組織マネジメントの基本であるということです。

武力との適切な距離感

85

故《ゆえ》に知る、弧矢《こし》もて威を立つるは、以て天下を利するを。此《こ》れ兵を用うるの機《き》なり。

【議征伐第三十四　第二章】

それ故、弓矢の威力を立てる、つまり武装して準備をしておくことは、世の中に利益をもたらすことになるのがよく分かった。これは武力を用いる上において、最も重要なことである。

貞観23（649）年、太宗が自らの死を前にして、皇太子に与えた『帝範』という自著の中で次のように述べています。因みにこの本は、中国大陸では早くに散逸しましたが、遣唐使が日本に持ち帰った写本が残ったため、その内容が今日まで伝わっています。

――そもそも武器というものは、国家にとって人を殺傷するための悪い道具である。その国土がいかに広大な国であっても、戦争を好めば人々は疲弊する。とはいっても国境が安全で戦いを忘れれば、人々は反乱や侵略の危機にさらされる。人々が戦のせいで疲弊するのは国家保全の方法ではなく、かといって人々を侵略の危機にさらしておくことも、

漢文 故知弧矢立威、以利天下。此用兵之機也。

敵に打ち克つ方法ではない。

と提起してから、

――**武器を全く除いてしまうことは良くないが、いつも兵を用いることも良くないことだ。**

と結論付け、仁徳だけを頼って武備を怠って結局は楚に攻められて、国を失ってしまった徐の偃《えん》王の例をあげています。続けて『論語』子路篇に、

――**訓練を施さない人々を用いて戦争をするのは、人々を投げ捨てるようなものだ。**

と孔子の言葉を引用してから、本項のフレーズを記しています。

現代の日本という国家組織のために、わざわざ太宗が書き残してくれた遺言ではないかと思えるほどです。

平和を愛する精神は素晴らしいことでありますが、強盗集団の中を札束のいっぱい詰まった紙袋を両手でぶら下げて歩くようなことは誰もしないでしょう。

太宗は武備を怠るなと言った後、いつも兵を用いることはいけないと言っている通り、備えを行うことと、それを使うことは別だと明言しています。

日本の言論人の間には、一度持つと使いたくなるのが人間だという指摘も根強くありますが、「何のために何をするか」という行動意識を失った過去の過ちが批判されるべきであり、明日を生きるための国防意識とは一線を画した議論の必要があってしかるべきではないでしょうか。

異文化との共存は可能か

86

中国の百姓《ひゃくせい》は、天下の根本《こんぽん》なり。四夷《しい》の人は、乃《すなわ》ち国の枝葉《しよう》なり。

【議安辺第三十五　第一章】

中国の人々は、天下の根本である。四方の異民族は、国の枝や葉のようなものだ。

貞観4（630）年、李靖が突厥《とっけつ》の頡利《きつり》可汗を撃ち破り、突厥の人々の中から唐に帰順したいと申し出てくる部族が増えるようになりました。突厥はテュルクの音を漢字化したもので、トルコ系の遊牧民族とされていますが、6世紀の半ばくらいから匈奴や鮮卑に代わってユーラシア大陸の草原を支配し、度々華北地方へ侵入して来ていました。

太宗は北方の国境を安定化させるため、その方策を重臣たちに協議させます。

中書省の長官である温彦博は、降伏して来た10万ほどの突厥人を黄河に近い地域に移住させて、北方の守りとしてはどうかと提案します。魏徴はそれに異を唱えます。

——北方の異民族は今回のような大敗を歴史上したことがありません。これは天命が尽きているからでしょう。降伏した突厥人を皆殺しにできないならば、遠く河北の元の居住地

漢文 中国百姓、天下根本。四夷之人、乃国枝葉。

に帰還させるべきです。北方の異民族は顔は人間でも心は獣です。私たちの漢民族とは同じ人間ではありません。強い時は侵略し、弱い時は平伏し、恩義を知らない人々です。10万の突厥人も数年の間に2倍以上の子孫が増えるでしょう。そうなれば、国内に大きな禍いと憂いを抱えることになります。

と力説します。温彦博は、太宗を慕って帰順してくる異民族を手厚く保護することが聖人の道であり、徳を積んで名声を上げる機会だと抗弁します。太宗は魏徴の意見を退けます。降伏した突厥人は華北の四つの州に移住させ、都の長安にも一万戸の突厥人が居を構えました。また、若い突厥人の精鋭を宮城の警備兵として雇います。

その突厥人の警備兵たちが、貞観12（638）年に長安近くの離宮へ行幸中の太宗に反乱を起こして、離宮内に押し入る事件を起こしました。全員捕えられて斬られましたが、太宗は突厥を国内に移住させたことを後悔し、突厥人の警備兵を解散しました。そこで、本項のフレーズで重臣たちに話しかけます。

――大切な根本をかき乱して、枝葉を手厚く親切にしたとしても、国家の安泰を求めることは無理である。魏徴の進言を用いなかったため、民に迷惑を掛けた上に不要の財政支出をして対策をしなくてはならなくなった。

移民問題が世界を揺るがしている現在、日本も覚悟して目を向けなくてはならない鏡となる歴史のエピソードではないでしょうか。

熟考の上で改めることを恐れるな

87

朕《ちん》、卿等《けいら》の規諫《きかん》を聞かば、縦《たと》い当時《とうじ》即《すなわ》ち従う能《あた》わずとも、再三思審《ししん》し、必ず善《ぜん》を択《えら》びて用いん。

【論行幸第三十六　第三章】

皆の諫めを聞いて、たとえその時に即座に従わなくても、再三思案して必ず善い方の意見を採用するように心掛けている。

貞観13（639）年、太宗は魏徴らの重臣たちに隋の煬帝について語りました。

――煬帝は父の文帝の残した偉業を受け継ぎ、その隆盛たるものは凄かった。長安にどっしりと構えて動かなければ、滅亡することはなかったかも知れない。しかし、人々の暮らしのことを考えず、頻繁に地方へ行幸し、特に江都（揚州）にしばしば遊行して散財した。重臣たちからの諫言も聞かず、最後は殺されて国も滅亡させることになり、天下の笑いものになった。帝位の長短は天の定めることかもしれないが、天は善に対しては福を与え、悪に対しては禍を下すもので、それは個人の行い次第である。

隋の煬帝の失敗を常に念頭に置き、太宗が政務に精を出していることが窺えます。

漢文 朕聞卿等規諫、縦不能当時即従、再三思審、必択善而用。

続けて太宗は国に危機や滅亡が押し寄せないようにするためには、トップに間違いや過失がある時は、重臣たち皆が遠慮せずに諫言するべきであるとして、本項のフレーズで、諫言を聞くことに対しての常日頃からの自分の基本態度を宣べています。

太宗にはマゾ的な体質があるのではないかという意見もありますが、常に率直な耳に痛い意見を聞き、自らの言動を反省することを好む、素直な資質を備えていたようです。もともとの性質であったのか、それとも兄弟を殺害した上に10人もの甥を処刑して帝位についたことへの悔恨によって自らを戒めた結果なのか、その真実は今では分かりません。

トップリーダーたる者は、自分自身の言動を大切にしなくてはなりません。組織に属するメンバーたちが提案する意見に耳を傾けて、常に最善の策を採用するべきですが、リーダーの思惑や意思に反した提案がなされた時の行動が重要です。

煬帝は、太宗の父の母方の従弟であり、煬帝は太宗より年齢は30歳ばかり上でした。太宗はティーン・エージャーの多感な頃に、煬帝の権勢と豪勢な宮廷政治を垣間見ることがあったでしょう。

それが重臣たちの裏切りや反乱、そして民意といった権力を持たない人々の力の結集によって、煬帝の大随帝国が一瞬のうちに崩されてしまったのを目の当たりにし、太宗は一種のトラウマというか強迫観念を抱えてしまっていたのかも知れません。

88

常に危機や困難を想定しておく

然《しか》れども安《やす》くして危《あやう》きを忘れず、理《おさ》まりて乱るるを忘れず。今日《こんにち》の無事なるを知ると雖《いえど》も、亦《また》、須《すべか》らく其の終始《しゅうし》を思うべし。常に此《かく》の如《ごと》きを得《え》ば、始めて是《こ》れ貴《とうと》ぶ可《べ》きなり。

【論慎終第四十　第一章】

しかしながら、太平であっても危機に陥ることを忘れず、よく治まっていても乱れることを忘れてはいけない。今日1日に何事もなくとも、このことをいつも考えてなくてはいけない。常にこのような気持ちであってこそ、初めて価値があるものだ。

中国の歴代王朝は北方民族の侵入に絶えず悩まされ、財宝や金銀を与えて慰撫したり、万里の長城を築いて境界を定めたり、様々な方法で鎮定を試みました。

唐の前の時代には、異民族が華北を占拠して中華風の王朝を建てましたし、唐の帝室自体も鮮卑族の子孫と疑われています。少なくとも太宗の母方は、その華北を占拠した異民族国家の北周の皇帝の一族ですから、血統的にも漢族との混血であることは間違いありません。

漢文 然安不忘危、理不忘乱。雖知今日無事、亦須思其終始。常得如此、始是可貴也。

唐の後、宋と明を除けば、遼、金、元、清と種族は多少違っても全て北方民族による征服王朝であることは、周知の史実です。

貞観5（631）年、太宗が重臣たちに語りかけます。

――遠方の異民族たちは皆こぞって服従し、豊作続きで反乱も起こらず、国内外は安定して静かに治まっている。これも私一人の力ではなく、皆と共に協力し助け合って正しい政治を行って来たことによるものだと思う。

と国家のマネジメントの成功を評し、そして今だからこそ危険や災害などの困難を想定して、気を緩めず、引き続き全員一丸となって仕事をしていかなくてはならないと本項のフレーズで決意表明します。そこで魏徴が進み出て、

――古来から組織のトップとメンバーと、どちらも立派な人財が備わるということはありません。時のトップが優れていても、メンバーが愚かであることもあります。優れたメンバーがいたとしても、トップが愚かであることもあります。しかし現在、陛下は極めて聡明であり、治まった世をつくり出すことができました。もしただ優れた人財に仕事を任せるだけで、トップが政治全体のことを気にかけなくてはいけません。

と説き、自分たちは気を引き締めてトップにお仕えをしていると、太宗に懇願します。

――太平に治まっている時でも、危機に陥ることを思って、努力を怠らないように願います。

晩節を全うするという美学

89

朕《ちん》、敢えて天子の安きを恃《たの》まず、毎《つね》に危亡を思い、以て自ら誡懼《かいく》し、用《も》って其の終《おわり》を保たんとする所以《ゆえん》なり。

【論慎終第四十　第二章】

トップの地位というものが、永久に安全なものであるなどと思わず、常に危機や存亡があることを思って自身で戒め恐れ慎み、それによって終わりを全うしようと考えている。

貞観6（632）年、太宗が重臣たちに問いかけます。

——古来からのトップリーダーを見ると、立派な業績を成し遂げた者の多くは、その成果を堅く守ることができなかった。

と指摘して、漢の高祖の偉業について話を始めました。

——高祖劉邦は、泗水の畔の沛の亭長でしかなかったのが、人々を圧政で苦しめた秦を滅ぼして皇帝として偉業を完成した。しかしながら晩年には、若い愛妃の生んだ子供を可愛がって皇太子を取り替えようとした。建国の功臣である蕭何を獄に下したり、大将軍の

漢文 朕所以不敢恃天子之安、毎思危亡、以自誡懼、用保其終。

韓信を罪に落とし、同じく黥《げい》布《ふ》を反逆に追い込んだ。高祖は父子や君臣の人間関係において道理を外してしまった。国家を保全することが、如何に困難であったかという明らかな証拠である。

と言明して、本項のフレーズを述べました。

まさにその通りで、項羽と天下を争っていた頃の高祖劉邦の輝きは、晩年になって失われました。太宗は知ることはありませんでしたが、後代の明の太祖朱元璋も、漢の高祖と同じく、晩年には猜疑心に苛まれて、建国の功臣をほぼ皆殺しにして晩節を汚しています。

太宗も「有終の美」を飾ることを念頭に置きながらも、漢の高祖とは違った理由でしたが、結果としては後継者問題でひと悶着を起こしました。

皇太子李承乾、魏王李泰、晋王李治の三人の男子が、長孫皇后との間にいました。皇太子は子供の頃は聡明でしたが、成長すると遊びふけるようになり、太宗が魏王李泰を可愛がっていたことから、皇太子は廃位されることを恐れます。

皇太子と魏王の二人は争い合って、結果として喧嘩両成敗で共に失脚し、流罪と追放になります。二人の弟である晋王李治が新しく皇太子となり、太宗の後を継いで高宗となります。

太宗自身が兄弟を殺害して皇帝となったことから、息子たちが争うことは見たくなかったのでしょう。血を流させることなく収めたという点では、辛うじて晩節を大きく汚すことには至りませんでしたが、次の代に大きな禍の種を残しました。

則天武后（624〜705）

テレビの時代劇でロングランは、やはり「水戸黄門」であろう。この黄門の名前は「光圀」である。光圀の圀は見かけない字だが、これは「則天文字」といい、則天武后がつくった字である。この則天武后と呼ばれる女性は、一代で女官から女帝に成り上がった中国史上唯一の女帝でもある。彼女の姓は武、名は照といった。

武照は14歳の時、父親が李淵と知り合いだったため、次子の李世民の後宮に入り、才人となった。そこで、事もあろうか太子の治と通じていたと言われている。太宗が崩御した後、太宗との間に子女を設けなかった妃、嬪たちは後宮を出て尼になった。位の低い才人の武照も感業寺で出家し、尼となった。しかしながら高宗との関係は続いた。

永徽3（652）年、王皇后は、高宗が寵愛する蕭淑妃に対抗させるため武照を還俗させ、後宮に呼び戻した。この時、武照は既に妊娠していた。王皇后のこの画策で、高宗は武照を晴れて寵愛できるようになった。武照は蕭淑妃が高宗の寵愛を受けないように、すぐさま追い落としを謀った。

武照は、徐々に位を上げていき、やがて昭儀になった。ただこれだけで我慢する武昭儀ではない。女児が生まれ、その子を王皇后が見舞った時、誰もそこにいなかった。その後、高宗がその子を見舞った時、息絶えていた。犯人は王皇后とされ、この時から高宗は王皇后の廃位を考え始める。この事件は、恐らく武昭儀が自分の娘に手をかけたと言われている。権力を得るためなら自分の子も殺すという、なりふり構わない最初の行動だった。

永徽6（655）年、ついに高宗は王皇后と蕭淑妃の二人を廃位し、また強く反対した褚遂良も流罪にした。こうして武照は皇后の位を得た。後に則天武后または武則天と呼ばれる。翌年には長孫無忌も流罪にして、それまで朝廷にいて、高宗を諌めた老臣が一掃された。

ところで病弱な高宗は、しばしば目まいに苦しめられた。武后は政治を手伝い始め、やがて高宗の病が篤くなるにつれ、政務を代行していった。顕慶元（656）年、太子李忠を廃し、武后の子の李弘を太子に立てた。ところが19年後の上元2（675）年、李弘が急死した。李弘が武后の言いなりにならないことから、武后が毒殺したと言われている。次いで李賢が太子となったが、李賢は表向きは武后の子とされていたが、武后の姉と高宗の間に生まれたという噂があり、やはり、粛清の対象となり、永隆元（680）年、太子を廃され、李哲が太子となった。

弘道元年（683）年、高宗が亡くなり、中宗李哲が即位したが、翌年、武后は中宗を廃し、睿宗李旦が即位した。思うがままに太子、皇帝を廃して、事実上、武后の天下が始まった。

載初元（690）年、則天文字を定め、9月ついに周王朝を創建し、聖神皇帝と称した。

神龍元（705）年1月、宰相の張柬之らはクーデターを起こし、病床にあった武后に退位を迫り、これに成功。中宗が復位し、国号を唐に戻した。11月、武后は亡くなり、高宗の陵である乾陵に合葬された。

身分の低い女官から女帝にまで登り詰めた武后の一生は、凄まじい権力闘争であり、また肉親をも殺す血塗られた歴史でもあったと言えよう。

一方では、帝室李氏の男性皇族及び女性皇族がのきなみ反乱を起こしたものの全て失敗したことから、高宗と武后の間に生まれた者以外の李氏一族がほぼ殲滅され、南北朝以来の貴族も権力の座から一掃され、身分の低く貧しい生まれであっても、科挙を経た優秀な人財が出世することができるようになった。これにより、大唐の最盛期である玄宗の時代が導かれたといえよう。

自分の力の限界を知っておく

90

朕《ちん》、端拱無為《たんきょうむい》にして、四夷咸《ことごと》く服す。豈《あ》に朕一人の致す所ならんや。実に諸公の力に頼るのみ。

【論慎終第四十　第三章】

ただ手をこまねいて何もしなかったが、四方の異民族を全て残らず傘下に収めた。これはどうして、私一人の働きによるものであろうか。一重《ひとえ》に諸公たちのお陰である。

中国は古代から自らの文明が世界の中心、即ち「中華」であり、それに対して四方に居住している異民族を「四夷」または「夷狄」と呼んだことは、「東夷」として位置付けられている日本人にはよく知られています。「東夷」の他は、「北狄」「西戎」「南蛮」です。日本については、「正史二十四史」のうちの『漢書』から、「東夷」に関わる章に記されています。

――日出ずる処の天子、書を日の没する処の天子に致す。恙《つつが》なしや。

の有名な国書は隋の煬帝へ小野妹子が持参したもので、『隋書』の「東夷伝」の中にあります。因みに『隋書』の撰者は魏徴で、貞観10（636）年に本紀5巻、列伝50巻が完成しています。

漢文 朕端拱無為、四夷咸服。豈朕一人之所致。
実頼諸公之力耳。

貞観9（636）年、太宗が本項のフレーズで重臣たちに誇らし気に問いかけます。

――国家創業の苦労を共にし、偉大な事業を堅固に守り、子子孫孫まで互いに助け合い、大きな功績と利益を後世まで残し、唐の歴史を読む人々に感動を与えるようにしよう。

と鼓舞します。すると房玄齢が進み出て、次のように褒めておだて上げます。

――歴代の皇帝は40歳を越えて即位していますが、後漢の光武帝だけは33歳でした。陛下は29歳で皇帝に即位され、歴代の皇帝の武徳と比べてはるかに優れていらっしゃいます。

秦の始皇帝、漢の高祖や武帝、後漢の光武帝などの歴代皇帝たちは皆、国内を安定化した後、異民族対策に心を砕きました。唐の太宗は李靖と李勣の縦横無尽の大活躍で、北狄の突厥、西戎の吐谷渾《とよくこん》、東夷の高句麗などを打ち破り、異民族を平定した上で懐柔することに成功したことは、中国史上において比類のない功績です。

しかしながら、実は魏徴が亡くなった翌年の貞観18（644）年11月に、唐は高句麗へ出兵し、貞観19（645）年2月には太宗が親征する本格的な侵攻となりましたが、半年ほどで撤退を余儀なくされました。泥沼に陥る前に遠征が取り止めになったこともあり、辛《かろ》うじて太宗は晩節を汚すほどのダメージは受けませんでしたが、魏徴の諫言が受けられなかったことをきっと後悔したはずです。

高句麗は、太宗の息子の高宗の時代に二度の遠征によって、668年に滅亡します。因みに663年、唐は新羅と組んで百済と倭国の連合軍を破ります。有名な白村江の戦いです。

トップは引き際を意識しながら仕事をする

91

朕《ちん》、今、過《あやまち》を聞きて能《よ》く改む。庶幾《こいねが》わくは克《よ》く善事《ぜんじ》を終《お》へん。

【論慎終第四十　第五章】

今、貴公から自分の欠点を聞いたので、必ず改めてみる。そして、願わくば「有終の美」を成し遂げたい。

組織の存亡と盛衰は、トップ一人にかかっているものであり、優れたリーダーとして自覚と自戒を常に心掛けるべきです。そして「出処進退」に最も気を付け、晩節を汚さないように見事な引き際を意識して、自ら仕事を完成しなくてはなりません。

貞観13（639）年、太宗の治世も安定期に入り、緩みが生じて来ているのを見かねて、

――**知ることが難しいのではなく、行うことが難しいのである。行うことが難しいのではなく、それを終えることが難しいのである。**

と『書経』説命篇を引いて魏徴が、大唐帝国の繁栄と永続を願って、トップ自身が改めて戒めとするように、太宗に対して「十ヶ条」のやめるべき厳しい戒めを提起します。

漢文 朕今聞過能改。庶幾克終善事。

①名馬や財宝の収集
②人々への過剰な労役
③宮殿離宮の造営
④小人と馴れ親しみ、人財を敬して遠ざける
⑤商工業の振興ばかりを重視して農業を軽視
⑥誤った人財登用
⑦狩猟への没頭
⑧仕える者たちへの礼節の欠如
⑨驕慢、欲望、享楽の拡大
⑩天災への無防備無対策

太宗にとっては大変に耳に痛い項目ばかりで、200回以上の諫言をし続けた魏徴もさすがに太宗の堪忍の緒が切れてもおかしくないと思ったのか、認《したた》めた上申書の最後に、——慎しんでお願い申し上げますのは、私の間違いだらけの提言を採用され、他の意見も参考にされた上で、千に一つの正しいことがあるかも知れないと思われ、ご自身のマネジメントに少しでも寄与するとお考え下さいますならば、今お怒りに触れて死ぬ日が私自身の生まれた年であると考え、死刑に処せられても満足でございます。

と魏徴は記しました。

提言書の全文を読み終わった太宗は、魏徴を召し出して話しかけました。

――トップの意志に従うのは容易なことだが、トップの感情に逆らって諫めることは、極めて困難なことだ。貴公は私の耳目や手足となって、いつも思慮深いアドバイスをしてくれる。

と謝意を示してから、本項のフレーズで決心を宣《の》べます。そして、

――提案書の文章は屏風《びょうぶ》に仕立て、朝晩に必ず仰ぎ見て心に焼き付けるようにする。そして、史官に記録させて、1000年後の人々に私たちの間にあった「義」について知ってもらおう。

と語り、魏徴に褒美を与えました。

ここでいう「義」とは君、臣の間に存在した信頼関係、礼節ある関係、正しい姿や道などを指すのでしょうが、二人の間に共有された価値観や高い志といったものまで包含するように思えるのは、深読み過ぎるでしょうか。いずれにせよ、本当に1000年以上の時を超えて、太宗と魏徴たちの言葉は現代においても生き続けています。

王世充（?～621）
竇建徳（573～621）

隋末の動乱において、唐の李淵以外にも、天下を統一できる魅力的な英雄が大勢いた。

李密が最有力の候補であったが、王世充と竇建徳も覇者として十二分に資格があり、器の大きな人物であった。

王世充は西域出身の技術官僚で、都の造営に携わったことから煬帝に気に入られる。楊玄感が李密と共に反乱を起こした時に鎮圧したことから、河南地帯を治めるようになった。

煬帝が宇文化及に殺害された後、煬帝の孫である越王楊侗を皇帝として実権を握る。619年に禅譲を受けて、国号を鄭、元号を開明として、洛陽で即位する。李密を服属させて、大いに人財を得ようとするがほとんど唐に逃げられ、竇建徳が李世民に敗れると李淵に降伏。巴蜀に流される途中で、仇討ちに遭って殺害された。

竇建徳は河南省で代々村長を務めていた農家の出で人望もあり、父親の葬儀に1000人もの弔問客があり、香典も取らなかったので名をあげたという逸話がある。煬帝が高句麗遠征を試みた際に従軍したが、反乱に連座して逃亡する。

山賊の親玉になってからも質素で物欲に欠け、部下を大切に扱い、農民を虐殺しなかったことから民衆の支持を得て、10万の兵を抱えるまでになった。煬帝の派遣した隋軍を待ち伏せて殲滅し、618年に夏王と称し、五鳳と年号を立てる。王世充が洛陽を攻撃するのに応じて出兵するが、621年に虎牢関で李世民に敗れて、長安で処刑された。

92

感情を抑制しながら生きる

嗜欲喜怒《しよくきど》の情は、賢愚皆《けんぐみな》同じ。賢者は能《よ》く之《これ》を節して、度に過ぎしめず。愚者は之を縦《ほしいまま》にして、多く所を失うに至る。

【論慎終第四十　第七章】

人の嗜欲や喜怒の情というものは、賢者も愚者も全て同じで、その区別はない。賢者は欲望や感情をコントロールして、羽目を外さない。愚者は欲望や感情の赴くままに行動し、多くのことを失ってしまう。

貞観16（643）年、太宗は自分自身が抱えている不安について、魏徴に問いかけます。
——そんなに遠くない昔の時代の皇帝を観察をすると、十数代にわたって続く場合、わずか一、二代で終わってしまう場合、中には帝位を得た初代自身が殺されてしまう場合など様々だ。この国家の存続という問題について、私は常日頃から絶えず考えることがあり、胸中から不安が去らない。もしかすると、人々を安寧に暮らす政策に誤りがあるのではないか、勝手気ままな心を起こしているのではないか、喜怒の度合いが過ぎて人事や賞

漢文 嗜欲喜怒之情、賢愚皆同。賢者能節之、不使過度。愚者縦之、多至失所。

罰を行っているのではないか、ということをいつも心配している。

そして一呼吸を置いてから、

——自分のそういった行動については自覚することができない。私のために、その点について進言して欲しい。必ずそのアドバイスを手本とする。

と魏徴に対して懇願するように命じます。すると、魏徴が本項のフレーズで太宗に応えます。続けて、太宗の美点を指摘します。

——非常に優れた徳を測り知れないほどに深くお持ちです。そして本日のように平和で安泰な日においても、常に危険や困難が来ることがあるかも知れないいつの日かを思っていらっしゃいます。ですので、過去の皇帝たちとはお心が違います。

そして威儀を正して魏徴は太宗に、唐の時代が後々の世まで続き、太宗の名声を不滅にするために、お願いしたいことがあると訴えます。

——絶えずご自身で欲望や感情のコントロールをうまく行って、「有終の美」を保ち続けて下さい。

これが実質的に魏徴の最後の諫言となります。既に体調を崩して朝廷への参内もままならなくなっており、翌貞観17（643）年に魏徴は他界します。

——自分がこの世からいなくなっても、「有終の美」を飾る努力をして欲しい。

これが魏徴から太宗への遺言となりました。

93

時既《ときすで》に恒《つね》ならず、法令定《さだ》まること無し。

【直言諫争第十　第三章】

ブレないマネジメントを維持する

時勢というものは一定しないので、法令というものも一つに定まることはない。

貞観3（629）年、太宗が重臣たちに法律の運用について、悩みを語りかけました。

――トップとは実に難しいものだ。もし法律が厳し過ぎれば、悪意のない善人に嫌疑がかかることを心配してなくてはならない。しかしながら、法律が緩すぎれば、悪人を厳しく取り締まることができない。寛大と厳格との間の匙加減は、どのようにしたらよいものだろうか。

すると魏徴が進み出て、

――昔から政治を行うには、その時勢に応じて法令を設けました。もし世の中の人々の暮らし向きが厳しくゆとりがない時は、それを救うための法律を用い、また世の中の人々の暮らし向きが緩んで乱れている時は、それを正すための厳しい法律を用いるのが肝要だ

漢文 時既不恒、法令無定。

と思います。

と世の中の状況に応じた弾力的な運用こそ重要であるとして、本項のフレーズを述べます。

太宗は魏徴の言う通りだと賛成してから、古代の堯舜の時代は素晴らしい政治が行われたが、その後の時代は世の中が乱れ、人々が苦しむことが多くあった。暴君であった夏の桀王、殷の紂王、暗君であった周の幽王、厲王は殺されたり国を追われて治世を全うできなかった。秦の始皇帝は天下を統一した英雄だったが、息子の代に国を滅亡させてしまったなどの例を挙げてから、

——自分の政治のやり方についていつも戒めている。さらに、世の中の人々は目を皿のようにして、耳を傾けて、トップである私の行動の善悪を監視している。だから気を付けなくてはいけない。

すると魏徴が応じて、

——トップたることは大昔から難しいものです。トップが言葉を発すれば、それが善ともなり悪ともなります。トップの言が、自分の過失を知ろうとするものであれば、国が栄えます。もしその言が、自分勝手な我儘を押し付けて人々を服従させようとするものであれば、国は滅亡します。孔子曰く、「**一言によって国を興すことができるし、一言によって国を亡ぼすことができる**」とあります。

と述べてから続けました。

――自分自身を積極的に売り込もうと思う者は、自分の悪いところには少しも気付かずに、誰も自分が正しいと思うものです。ですから、トップが正しい道を行けば、悪人を寄せつけることはありませんが、トップが正しくない道を歩めば、心のねじ曲がったへつらい者が集まることになります。

法は時勢によって運用が変わることもあり得ますが、国を治める、または組織を運営するためには、マネジメントの王道を進み、決して揺らいではいけないという訳です。このあたりの使い分けや強弱の付け方は、かなりの年月と経験がなければ習熟するのが難しいところではないでしょうか。

太宗に仕えた名臣たち　その十三

秦叔宝（？～638）
尉遅敬徳（585～658）

太宗に仕える名将のうち、特にこの二人は今日まであちらこちらで睨みを利かせている。死後もその名が不朽の人物だ。

中国の道教道観や仏教寺院、邸宅の観音開きの木戸の、左右の扉の外に面して、一対の門神が描かれている。旧正月の春節の際に、木版画などとして扉に張る習慣が今でもある。

その一対の門神は、関羽と張飛などいろいろな組み合わせがあるが、圧倒的に多いのは、秦叔宝と尉遅敬徳の最強コンビだ。

ある時、太宗が病気になり、寝殿の外で亡者たちの声がした。臣下にこの事を話すと秦叔宝が言上した。

「これまで多くの者を殺してまいりました。亡者を恐れるものではありません。尉遅敬徳と寝殿の門前で、様子を探りましょう」

二人が門前に立つと、何ごとも起こらなかった。そこで太宗は絵師に二人の像を書かせ、門に掲げ、魔除けとした。

この話から、唐の建国に貢献した二人の将軍が門番となって、悪鬼や邪鬼から門を守ってくれると信じられるようになった。日本では仁王様だが、中国では実在のこの将軍二人だ。

秦叔宝は、名を瓊といい、李密や王世充に仕えてから李世民の将軍となり、各地の群雄平定で活躍する。『隋唐演義』のスーパーヒーローとして、庶民の間では人気が未だに根強い。

尉遅敬徳は、名を恭という。隋末の群雄である劉武周に仕えて将軍となった。王世充や竇建徳との戦いで活躍し、「玄武門の変」では長孫無忌と共に主導的な立場で、斉王李元吉を射殺した。晩年は仙人となる修行に専念した。

組織の接着剤となれる人財

94

群臣《ぐんしん》は素《もと》より矯偽《きょうぎ》無し。

【直言諫争第十　第五章】

幹部たちには、もともと騙したり、偽ったりする者などおりません。

貞観5（631）年、検察官である権万紀と李仁発が太宗にしばしば召され、太宗の御前で不正を行なっていると思しき者について報告をしていました。

やがて二人は調子に乗り始めて、ありもしないことを言い立てて、誰彼と遠慮なく非難攻撃をするようになり、それを信じた太宗が激怒するということがありました。魏徴がびっくりして、

——両人は重要な道理というものが分からない小人です。人の悪口を報告することが忠実だと思い、人の隠し事を暴き立てることが直言だと思っています。両人が非難した者は全てに罪がある訳ではありません。トップが両人の言うところを残らずお聞き入れたので、両人は思うがままに奸計を弄して、トップを欺いて無礼を行っているにもかかわらず、正直であると人々から評判を得ています。

漢文 群臣素無矯偽。

と諫言し、房玄齢や張亮といった功臣たちが無実の罪を着せられ、他の重臣たちも戦々恐々としていると直言しました。

——重臣たちを戒め励まそうとして、両人の遠慮ないやり口をあえてお使いになっているのでしょうが、邪な小人物たちに大人物たちのことを判断させるのはよろしくありません。

と続けてから本項のフレーズを述べます。

房玄齢や張亮といった大身でもその正邪を疑われて弁明ができないならば、功績が少ない者や官位の低い者たちは、権万紀と李仁発の両人の讒言を逃れることはできないと指摘し、

——この両人をお使いになってから、ただの一つでもためになることがありましたなら、私は喜んで刑罰に従い、不忠の罪をお受けします。

と啖呵を切ります。

太宗は、この進言を喜んで受けて褒美を取らせました。やがて、他人を貶《おとし》めようとしていたことなどが露見して、権万紀は免職となり、李仁発は左遷されました。

トップに対して堂々と正論を述べる一方、仲間や部下たちを守ってその意見をしっかりとトップに進言できる魏徴のような人物は、職務に精励するメンバーにとってここぞという時に頼りになる存在で、大きな組織において極めて重要であることが分かるエピソードです。

95

余人をもって代えがたい人財の条件

臣《しん》をして良臣と為《な》らしめよ。臣をして忠臣と為らしむること勿《なか》れ。

【直言諫争第十　第六章】

私を良臣となるようになさって下さい。私を忠臣となるようなことにはなさらないで下さい。

貞観6（632）年、尚書右丞（尚書省の次官）であった魏徴が、その地位を利用して自分の親戚に対して依怙贔屓を行い、特別な便宜を図っていると讒言する者がありました。太宗は早速に御史大夫（検察庁長官）の温彦博に、事実関係の調査を命じます。すると、讒言をした者が正しくないことがすぐに判明しましたが、温彦博は、

――魏徴は、重臣である以上は、その本心が誰にでも理解できるような言動をし、あらぬ疑いを抱かれないように心掛けなくてはいけません。にもかかわらず、そういった嫌疑から免れることができず、他人に告げ口をされました。魏徴に私心がなくとも、彼にもまた責任があります。

漢文 使臣為良臣、勿使臣為忠臣。

と魏徴は脇が甘いと非難しました。そこで太宗は、温彦博に命じて魏徴に、

――これまでに私を諫め正すことが１００回以上に及んでいる。このような些細な問題で、貴公の立派な点が傷つくことはない。しかしながら、今後は他人の疑惑を招かないように、言動を明確にして気を付けるように。

と叱りの言葉を伝えることにしました。そして数日してから太宗が、

――最近、誰かから何か聞かなかったか。

と魏徴に問いかけると、魏徴は顔付きを改めてきっぱりと答えます。

――「本心を明確にして、他人の嫌疑を受けないようにしないのか」というお言葉を温彦博から告げられましたが、これははなはだ心外です。「君臣は気持ちがぴったりと一致して、一心同体の関係であるべき」と聞いておりますが、私心のない正しい道をとらないで、外面的な言動や振る舞いに注意して人の嫌疑を受けないようにするということは、私は今まで聞いたことがありません。君臣共に他人の思惑ばかり考えるようになれば、国が亡ぶような事態がいつ起きるのか分かりません。

太宗はギョッとして、居住まいを正して、

――実は余計なことを温彦博に命じて後悔している。今後とも隠し立てすることなく遠慮なく何でも言って欲しい。

そこで魏徴は丁寧に拝礼して、

——私は、自分の命を国のために捧げ、あくまでも正しい道を行おうとしています。ですから、決して陛下を騙したり、裏切ったりすることは致しません。どうか陛下には、と言ってから、一呼吸おいて本項のフレーズで懇願します。そこで、太宗はすかさず「良臣」と「忠臣」の違いは何かと質問を投げます。魏徴が答えました。

——「良臣」とは、その身は後世から尊敬される立派な名声を獲得し、自分の主君を名君とさせて、子々孫々まで栄えている者です。

——「忠臣」とは、その身だけでなく一族まで皆殺しにされ、その主君に悪名を末代まで残させ、国も一家も全て滅亡し、「忠臣」であったという名前だけ残す者です。

聞き終わると太宗は大いに納得して、魏徴に褒美を与えました。

太宗に仕えた名臣たち　その十四

凌《りょう》煙《えん》閣《かく》二十四功臣

太宗は貞観17（643）年2月28日に、長安の宮城の東北に建てた凌雲閣に、唐の建国の重臣24人の姿を描かせた。命令を受けた画家は、『歴代帝王図巻』などを描いた閻立本という当時のナンバーワンの画家だった。

コラムで個別に取り上げた者も含め、24名の序列は次の通りである。

長孫無忌（趙国公）、李孝恭（河間王）、杜如晦（菜国公）、魏徴（鄭国公）、房玄齢（梁国公）、高士廉（申国公）、尉遅恭（咢《がく》国公）、李靖（衛国公）、蕭瑀（宋国公）、段志玄（褒《ほう》国公）、劉弘基（夔《き》国公）、屈突通（蔣国公）、殷開山（鄖《うん》国公）、柴紹（譙《しょう》国公）、長孫順徳（邳《ひ》国公）、張亮（鄖《うん》国公）、侯君集（陳国公）、張公謹（郯《たん》国公）、程知節（盧国公）、虞世南（永興県公）、劉政会（渝国公）、唐倹（莒《きょ》国公）、李勣（英国公）、秦瓊（胡国公）。

23名は国公に封ぜられているが、虞世南だけは二段格下の県公どまり。これは建国時の武功がなかったからとされている。

「凌煙閣二十四功臣」と呼ばれるこの肖像画は、日本の「武田信玄二十四将」のモデルにもなっている。

同じく閻立本に太宗の即位前のブレーンを描かせた「秦王府十八学士」（そのうち杜如晦、房玄齢、虞世南が重複）の18人の賢臣たちも、太宗の股肱の臣として後世まで知られている。

「例外」が組織を崩壊させる

96

城狐社鼠《じょうこしゃそ》は、皆《みな》是《こ》れ微物《びぶつ》なり。其《そ》の憑恃《ひょうじ》するところ有るが為《ため》に、故《ゆえ》に之《これ》を除くこと易《やす》からず。

【直言諫争第十　第七章】

城の中に棲む狐や社の中に巣食う鼠は、皆つまらないものです。しかし、頼るところがあると、これを除去することが困難になります。

貞観7（633）年、太宗の六男である蜀王愔の妃の父の楊誉が、役所の中で女中のことでもめ事を起こし、その女中からの訴えを聞いた薛仁方は、楊誉を直ちに拘留して尋問するという事件がありました。

なかなか判決が出ない中、楊誉の息子が太宗に訴え出ます。

――五品以上の身分の者は、反逆罪でなければ、その身を拘留してはならないとあります。その上、蜀王の外戚であるので面倒な案件であるとして、わざと拘留を長引かせているのではないでしょうか。

これを聞いた太宗は激怒して、

漢文 城狐社鼠、皆是微物。為其有憑恃、故除之不易。

――楊誉が私の外戚であるのを知りながら、なぜに苦しめるのだ。

と直ちに薛仁方を捕らえて、百叩きにして解任せよと命じます。

するとと魏徴が進み出て、本項のフレーズを述べます。

――皇帝の外戚や公主は昔から扱い辛いと言われています。漢や晋では彼らの我儘な振る舞いを防ぐことができませんでした。先代の高祖の時代にも外戚や公主の方々で身勝手な方たちが多くおられましたが、陛下の代になって厳しく取り締まりをなさったので、最近は静かになりました。薛仁方はその職務に忠実で、国家の法を守っただけです。忠臣に厳罰を与えて、外戚の自分勝手をお認めになるのですか。

と理路整然と説明し、外戚の増長を取り締まれるのは皇帝唯一人であると指摘します。続けて、

――将来の予期できないことに備えるのが国を治める道であり、まだ大水が溢れでないからといって洪水に備える堤防を壊して良いのでしょうか。私が聞き及んでいる限り、楊誉を許して、薛仁方を処罰することは不当に思えます。

その魏徴の言葉にハッとした太宗は、

――魏徴の言う通りだ。深く考えずに命令を出してしまった。しかしながら、楊誉を拘留したと私に報告しなかった薛仁方も独断過ぎる。重罪ではないが鞭打ち20回とする。

という形で幕引きをしました。

本当のところは、薛仁方には罪はなかったでしょうが、外戚の面子を立てなくては収まりがつかなかったのかも知れません。

魏徴が「城に棲む狐、社に巣食う鼠」と表現していることから、外戚ということで虎の威を借りるような傲慢な態度をとる勘違い者がいるということを以前から耳にしていたのでしょう。

薛仁方も日頃から威張っている外戚の連中に、一泡を吹かせてやろうといった義侠心みたいなものがあったのかも知れませんが、現代の感覚からすると、薛への鞭打ち20回も厳し過ぎる罰のように感じられます。

番外コラム

昭陵

唐の都である長安城（現在の西安市）の西北にある唐の高祖から僖宗までの歴代皇帝18人の陵墓、いわゆる「唐の十八陵」と呼ばれる中で、最も大きいのが太宗の「昭陵」である。

「凌煙閣二十四功臣」の肖像画を描いた閻立本とその兄弟の設計で、貞観10（638）年に長孫皇后の陵墓として造営が始まった。人々に負担を掛けないように質素な墓にして欲しいという長孫皇后の遺言に従って、平地に墳丘を築いたものでなく、九嵕山《きゅうそう》をくり抜いて石室をつくった。太宗もここに葬られた。陵墓の南斜面に太宗の娘の長楽公主をはじめ多くの皇族、魏徴、房玄齢、李靖、李勣などの文武高官たちも陪葬され、その墳墓の数は200近くに上り、結果として昭陵は、周囲60キロ、面積2万ヘクタールと大規模な陵墓となった。

10世紀初めの後梁の時代に盗掘されたという記録があり、現在は未公開。李勣の墓の近くに1979年にオープンした昭陵博物館があり、石碑や出土品が展示されている。

同僚に対する絶妙な配慮

97 臣、陛下の責《せ》むる意《い》を解《かい》せず。亦《また》、玄齢《げんれい》、士廉《しれん》が拝謝するの意を解せず。

【直言諫争第十　第八章】

私は房玄齢らを責める陛下のお心が理解できませんが、房玄齢と高士廉が陛下に謝罪する意味も分かりません。

貞観8（634）年、宰相である房玄齢と高士廉が宮殿へ参内する途中、竇《とう》徳素という建築部門の担当責任者に遭遇しました。そこで

——最近は内廷（皇帝の私邸エリア）が慌ただしいようだが、何を建築しているのだ。

と問い質します。詮索された竇徳素は、一部始終を太宗に報告しました。

早速、房玄齢を呼び出した太宗は、

——自分の職務に専念せよ。内廷で少しばかりの建築工事があっても、貴公の職務には全く関係ないであろう。

と怒ると、房玄齢は恐懼《きょうく》して謝罪します。それを見た魏徴が本項のフレーズを述べ、続けて、

漢文 臣不解陛下責意。亦不解玄齢士廉拝謝意。

——房玄齢は以前より大臣に任命されており、陛下の手足であり耳目に相当する高官です。内廷とは言え、宮殿内に造営工事があるのを知らないで良いのでしょうか。宰相が担当の役人に質問するのを責めるとは全く理解できません。

と魏徴は太宗に問いかけます。

宮殿内の造営であれば、房玄齢には監督義務があり、また皇帝のために工事を助けなくてはならず、また造営に正当性がなければ中止を提案する義務もあるとして、房玄齢に罪は全くありませんと魏徴は断言します。しかし、

——自分の守るべき職分をわきまえず、皇帝からお叱りを受けたらなすがままに謝罪して、怒りから逃れようとする房玄齢の行動も、私には全く理解できません。

と魏徴が堂々と正論を吐くと、さすがの太宗も自分の短慮を深く恥じ入って侘びました。

房玄齢や高士廉は太宗の譜代の重臣であることを誇りにしていて、ややもすると昔は敵方であった魏徴らを軽んじるところがしばしばありました。こういった魏徴の正しい諫言を横目にして、なかなかやるなと感心・感謝すると共に、少しずつ魏徴に対するわだかまりを氷解させていったのではないでしょうか。

魏徴のこうした憎いばかりの同僚への配慮と複雑な組織における巧みな処世術は見事であり、中途で幹部候補として採用された者が、組織において仲間から信頼を得て活躍の場を得ようとするならば、必ず身に着けたい絶妙なテクニックです。

組織には余裕や遊びも大切である

98

但《た》だ罪を犯す者少なければ、是《これ》を取りて太《はなは》だ理《おさま》るなり。

【興廃第十一　第二章】

ただ罪を犯す者が少なければ、よく治まっていると言えるのです。

貞観9（635）年、太宗が重臣たちに、

――ここ二、三ヶ月ほど、諸公からの直言を聞かない。これは私を諫めても仕方がないということで、誰も隠し立てをして何も言わないのであろうか。日々の政務がありながら、全く議論の余地がないということがあり得るのか。

とやや語気を強めて問いかけると、魏徴が応えます。

――陛下はお諫めする度に、それを戒めとしておられます。私共は陛下の御心を深く知っておりますので、道理に違うことがあれば、どうして申し上げないことがありましょうか。

と言いながら、平穏無事な時期であったので、諫言するべき大きな問題もなかったと説明しました。やや機嫌を直した太宗は、別の質問を投げかけます。

漢文 但犯罪者少、取是太理。

――昔から世の中が乱れることがあったが、隋末ほど酷かった大乱はなかったのではないか。それを平定した自分の功績は、歴史的に見てどのくらいであろうか。

それに対して魏徴は、

――昔の世の乱れとは、せいぜい州や郡レベルの反乱でした。隋末の乱れは、天下の全ての地において大きな乱れとなり、大きな鍋が煮えたぎるようで、人々は非常に苦しみに喘ぐこと十数年も続きました。比肩することがないほどの天運と民意に叶って陛下は大乱を鎮め、天地を造り直し、天下を立て直しましたので、史上最大の功績ではないでしょうか。

と述べます。そこで太宗は、「時には多少の悪いところもあるであろう」と尋ねます。

――聖天子である堯や舜の時代にも全く悪人がいなかった訳ではなく、悪行を行う者が少なかっただけです。また悪王として知られる夏の桀王や殷の紂王の時代には全く善人がいなかった訳ではなく、悪行を行うものが多かっただけです。

と前置きして、本項のフレーズを太宗に述べます。

完璧でなく、多少の問題には目を瞑《つぶ》り、世の中が安定して平穏であればよく治まっていると考えて差し支えないのではないかという訳です。

機械は全てキッチリし過ぎて余裕や遊びがないと、きしみ過ぎるのと同じで、組織にも大きな問題とならなければそれで善しとすることも一考に値するということなのでしょう。

トップをトップたらしめる配偶者

99

皇后は庶事《しょじ》相啓沃《あいけいよく》す、極めて利益あるのみ。

【巻二　納諫篇】

皇后は様々なことを啓発してくれるので、非常に有難い。

太宗が可愛がっていた名馬が急死し、嘆き悲しんだ太宗は飼育係の役人に激怒して処刑しようとしました。長孫皇后は斉の景公が愛馬を亡くして馬飼いを殺そうとした時の話をします。

——主君の馬を死なせたのが第一の罪。馬を死なせたことで馬飼いを殺さなくてはならない君主のことを知れば、人々は暴君として恨むのが第二の罪。この話を聞いた天下の諸侯は我が国を嘲笑うのが第三の罪。

と宰相の晏子が馬飼いを責めて、剣を振り上げて成敗しようとしたので、景公が慌てて止めさせて馬飼いを許した話、これを書物で読まれたことをお忘れですかと皇后が諫めると、太宗も冷静さを取り戻して怒りを解いた後に、房玄齢に本項のフレーズで皇后を褒めました。

長孫皇后は、太宗の竹馬の友である長孫無忌の妹で、13歳で後の太宗となる李世民に嫁ぎ

漢文 皇后庶事相啓沃、極有利益爾

ます。長孫皇后は北魏の皇族の子孫ですが、実は苦労人です。幼い時に父を亡くし、異母兄によって母と兄の無忌と共に追い出され、母の兄の高士廉のもとで育ちました。

後に異母兄が処刑されそうになった時、長孫皇后は太宗に叩頭して助命を嘆願したり、皇后の親族であるという理由で長孫無忌や一族の者が過分に取り立てられることに反対したり、まさに賢婦人の鑑でした。**【論赦令第三十二　第五章】**に、貞観10（636）年に長孫皇后が危篤になった際の話が記されています。

皇太子の承乾が皇后に、医者も十分に手を尽くしたにもかかわらず病気が癒えないので、皇帝に申し上げて囚人に恩赦を施して、天の助けを得てはどうかと提言します。すると皇后は、――人の生き死には天の意志によって決まるもので、人の力の及ぶところではない。恩赦によって天のご加護を得て、寿命を延ばしてもらわないといけないような悪事を働いたこともこれまでない。ましてや恩赦を行って効果がなかったら、どうするつもりか。恩赦は国家の大事であり、一婦人の身のために天下の法を乱すことができようか。お前の言うことには同意できない

ときっぱりと断り、わずか36歳で世を去ります。太宗は文徳聖皇后と諡《おくりな》します。長孫皇后の亡き後、太宗は皇后を立てることはありませんでした。

貞観11（637）年に「死とは終わりであり、人が生まれる前に帰ることだ」と淡々と述べている太宗ですが、いつも皇后の陵墓がある方向をよく眺めていたそうです。

長所に目を向けるのが人を動かす基本

100

陛下未《いま》だその長《ちょう》を用いずして、惟《た》だその短《たん》を見《み》、もって臣らを欺罔《ぎもう》すと為《な》す。実《じつ》に敢えて心服せず。

【巻二納諫篇直諫附】

トップはその長所を用いないで、短所だけを見て、私共が欺き騙していると仰せになる。その仰せには心服できません。

貞観11（637）年、凌敬《りょうけい》という役人が仕事以外に内職で碑文を書いたり、書物の解説をしたりして金品を受け取っていると太宗に告発する者がおり、激怒した太宗は推薦人の魏徴を直ちに呼び出して詰問しました。それに応えて、

――常に人物の長所と短所を申し上げて推挙しています。学識があり強い諫言ができるのは凌敬の長所ですが、贅沢な生活を望み、金を好むのは短所です。

と述べてから、本項のフレーズをもって魏徴が反論します。太宗はもっともだとして納得しました。

漢文 陛下未用其長、惟見其短、以為臣等欺罔。実不敢心服。

現代マネジメントの創設者ともいうべき巨人のピーター・ドラッカーが、

——他人の短所が目に付き過ぎる人は、経営者には向いていない。長所を効果的に発揮させるのが自分の仕事だと考える人が、有能な経営者になれる。

と言っている通り、『貞観政要』がまさに現代の組織リーダーの教科書として、本項のフレーズは十分に耐え得るものであることの証左です。

徳川家康が『貞観政要』を愛読していたことは知られていますが、それ以前では北条政子が非常に好んでいたことが知られています。

夫である源頼朝が参考にしていたという正確な記録はありません。政子が誰から教えられたのかは分かりませんが、『貞観政要』は素晴らしいということで、当時の女性は漢字を読むことができませんので、京都の公家の菅原為長に頼んで当時「女手」と呼ばれた「ひらがな」の写本をつくってもらって自ら読み、屏風にまで仕立てさせたそうです。

政子の実家の北条氏は約150年続いた鎌倉幕府の執権として16代を数え、約250年続いた徳川幕府の将軍15代に匹敵する長期政権の秘密は、『貞観政要』が読み継がれていたからではないかと疑いたくなります。

多くの名言を残している徳川家康ですが、

——人を用いるには、すべからくその長ずる所を取るべし。人それぞれに長ずる所あり、何事も一人に備わらんことを求むなかれ。

というのがあります。これは間違いなく本項のフレーズから実体験を経て学んだ深い言葉ではないでしょうか。

家康が松平竹千代として駿府の今川家に人質となっていた時代、今川義元は自分の軍師である太原雪斎のもとで教育をさせたそうですから、この時に他の漢籍と共に『貞観政要』の手ほどきを受けたのでしょう。

家康のように天下の将軍とならずとも、組織のトップリーダーを志す者は、『貞観政要』を読むべしと思わずにはいられなくなります。

太宗の後継者たち　その四

玄宗（685～762）

唐の第9代皇帝。高祖の玄孫、太宗の曾孫にあたる。名は隆基。

高宗と則天武后の息子である睿宗（第5代及び第8代皇帝）の三男として生まれる。気弱な性格の父と違って、李隆基は若い頃から文武両道に秀でていた。

父の兄である中宗によって唐が復活した後、李隆基は、則天武后を真似て中宗から政権を奪おうとした韋皇后一派を排除し、父親を皇帝に復位させた。2年後、譲位を受けて皇帝に即位した。

太宗の「貞観の治」を手本として、玄宗は善政に努めた。その結果、社会は安定し、経済も文化も共に発展を遂げ、その年号から「開元の治」と呼ばれる唐の最盛期を生み出した。まさに玄宗は、血統的だけでなく政治的にも太宗の文字通りの後継者であったと言えよう。

しかしながら、後半になると心身の衰えのせいからか政治に乱れが生まれるようになった。諫言を行う重臣も少なくなり、政治的な直観も衰え、楊国忠などの佞臣に囲まれ、安禄山のような奸臣を重用した。また、白居易の「長恨歌」で知られるように楊貴妃にうつつを抜かして政治を顧みなくなる。しかも楊貴妃は、元々は息子の妃であった。

安史の乱によって至徳元年（756）に長安を追われて蜀に脱出する途中、長安の西の馬嵬で親衛隊の兵士たちが反乱を起こし、楊国忠とその一族を殺害した。また皇帝を惑わしたのは楊貴妃だと迫られたために、玄宗は泣く泣く愛妃に死を賜り、失意の中で皇太子に位を譲った。戦乱が収まって長安へ戻った後は軟禁状態となり、宝応元年（762）に76歳で亡くなった。

玄宗は太宗を模範としたが、太宗より20年近く長く生き、皮肉にも長く生きた分だけ晩節を汚してしまった。

実は、隋末から始まる『隋唐演義』は、玄宗の長安帰還で物語が終わっている。この時、ようやく隋末からの一つの時代が終わったと昔の人は考えたようである。

玄宗は日本とは縁が深く、阿部仲麻呂を寵臣としたことで特に知られている。同じく遣唐使として日本から派遣された僧の弁正とは、皇子時代から囲碁仲間であったことは当時でもよく知られていた。そのこともあってか、楊貴妃は実は馬嵬で死なず、船で日本に逃れ、現在の長門市で亡くなったという伝説が生まれる由縁となった。

おわりに

中国五千年の歴史は、現代日本人が学ぶべき〝リーダー哲学〟の宝庫です。中でも『貞観政要』には、唐の太宗と重臣たちのやり取りを通じて、トップリーダーのあるべき理想像が事細かく描かれています。

『貞観政要』の最大のエッセンスは、

——トップリーダーたる者は、人物を見定める目を養い、抜擢した人財を徹底的に信頼する大きな器量を持て。

という一点に凝縮されています。太宗がこれを実践しました。

唐の太宗は、「つくられた名君といった側面がある」との指摘があります。隋の煬帝は実際より暴君として歴史に記され、太宗との対比において引き立て役にされ、太宗は実像以上に〝名君〟とされて歴史に名を残しているというのです。

歴史は常に勝者によって、都合良く書き換えられる性格があることは周知の事実です。現代に生きる私たちが知る歴史が、どれほど正確な史実として残されているのか、それは知る由もありませんが、〝名君〟たる太宗のことも少し割り引かなければならないのかも知れません。

しかしながら、『貞観政要』には、意識して読まなくても行間に太宗の優れた実像が浮かび上がるところが随所にある一方、人間味溢れる太宗を垣間見ることもでき、そこに『貞観政要』が古来から人気があり、親しまれてきた理由の一つがあるようです。

太宗は決して天性の優れたトップリーダーではなく、「有終の美」を全うしようと常に意識をして〝名君〟たり続けた努力の人です。喜怒哀楽の激しい気性や、ややもすると気が緩んで初志を忘れて傲慢な言動や振る舞いに及んで、魏徴や王珪たちに諫められて反省して改心するという逸話がいくつもあります。

史上比類なき〝名君〟とは自らを律して、慎み深く、謙虚であろうとした努力の成果であったと知れば、組織のトップリーダーたらんとする者、誰もがその真似をしようと思わずにはいられない魅力があります。

太宗の父である唐の高祖は、煬帝から目を付けられないように酒と女に溺れた優柔不断な男の振りをしていたと伝わっていますが、平時ならば本当に消極的で凡庸な人物で終わったのかも知れません。長男の李建成が29歳、次男の李世民が20歳の時、二人の息子によって決起を促されて、隋の都の長安を占領します。特に李世民の強い後押しがあったとされていますが、実際のところは、壮年で働き盛りの長男が主導権を握っていたと考えるのが自然でしょう。もちろん若い次男の聡明さと勇猛さに、頼もしさもあったでしょう。

太宗の兄は、歴史に記されている以上にかなり優れた器量の持ち主で、魏徴や王珪を従えた魅力的な人物だったようです。10歳近く年少の太宗からすれば、子供の頃から頼もしく、眩しく映り、尊敬する対象として目標にしていた存在だったはずです。

20歳代を戦乱のうちに過ごした若き太宗は、大きな距離のあった兄との間を一気に縮めるように成長し、気が付けば兄を凌駕する武功と人格を備えて、かえって追い上げられた兄から警戒されるようになり、結果として「玄武門の変」を招きました。

太宗は兄を自ら自慢の弓で射殺しています。また実弟の斉王李元吉とも格闘の末、尉遅敬徳が討ち取っています。さらに兄の5人の息子、弟の5人の息子も高祖によって王に立てられていましたが、容赦なく即座に処刑しています。この事件は太宗の心の奥にトラウマとなって、亡くなるまで残らなかったはずはありません。

兄の幕僚であった魏徴の諫言を受け続けながら、兄だったらどう諫言を聞いたのであろうかと太宗は常に自問していたのではないでしょうか。もしくは、魏徴その人に亡き兄の姿を見続けていたのかも知れません。

太宗の一番優れている点は、厳しい進言や諫言を受けながら、決して重臣たちのせいにせず、全て自分の過失であったと反省し、改善するところにあります。

1、2年なら我慢できても、20年以上に及ぶ治世の間、初志と姿勢、態度を変えなかった太宗の強い信念は空前絶後です。悪名高い殷の紂王や隋の煬帝ですら、治世の当初は〝名君〟として期待されていましたが、終わりを善くできずに、後世まで悪名を残しています。こういった話は歴史に数多く残されていますし、現代の一般の組織ならば腐るほどある話です。「終わり良ければ全て善し」という言葉がありますが、「終わりまで全て善し」とは太宗しか成し得なかった快挙だと言えば、少し言い過ぎでしょうか。

実は本書ではカバーしきれなかった章があります。それは**【論太子諸王定分第九】【教戒太子諸王第11】【規諫太子第12】**などの後継者に関わる部分です。

太宗が後継者問題で如何に悩んでいたかを知る上で貴重な章で、後継者問題の難しさを嫌というほど窺うことができます。結果として、太宗が後継者選びに失敗し、唐が一時簒奪されてしまう災禍は、実は太宗によってその種が蒔かれていることを後世の人間は知ることができます。現代の国家や企業といった組織において、民主的に後継者を選ぶという選択肢があると知れば、太宗は現代の私たちを羨むはずです。

さて唐の時代が、日本の歴史に大きなインパクトを与えていることは、日中の歴史ファンにはよく知られています。春秋戦国時代、三国志、六朝時代から隋唐時代までに至る連続する中国の歴史の中には、現代の日本人にも感覚で共感できる価値観や美意識が感じられます。太宗の魅力が現代の日本人にとって、一層輝くのも決して偶然ではありません。

太宗の言行を知れば知るほど、中国と日本の大きな隔たりの始まりが、20回近くに及ぶ遣唐使やそのほかの民間レベル交流が多くあったこの唐の時代の前後にあるのではないか、と納得いくものがあります。

現代の日中関係を鑑みる時、唐の後の時代にモンゴル族、チベット族、契丹族、女真族、そして近代においては西洋人や日本人からの侵略によって多大な影響を受けた現代の漢民族に対して、日本人が親しむ唐以前の漢民族とは異質の文明文化を感じることがしばしばあります。

しかしながら、もし日中の政治経済教育のトップリーダーが共に『貞観政要』に学んで太宗や魏徴について語り合うことができれば、１４００年の時を超えて日本と中国が共有できる価値観の原点があることに気が付くはずです。

残念ながら、歴史離れが世界規模で起きている現代において、ようやく中国でも古典に対して関心が高まりつつあると聞き及びますが、日本で『源氏物語』『今昔物語』『徒然草』に対して関心が薄れているのと同じ程度ではないでしょうか。

日本でも漢文の授業が必須でなくなってから久しくなります。『三国志』ブームがあるとはいっても、中国の古典に対する理解が深くなっているようには思えません。『貞観政要』の漢文は、現代の日本人が日常で使っている漢字や語句と近いもので書かれており、実は他の中国古典よりはるかに読みやすく、理解しやすいものです。日本の国語や道徳のテキストとして取り上げられても何ら遜色のない古典の一つです。

本書をきっかけに『貞観政要』の原点を手にされる方が少しでも増えることを願ってやみません。あまりにも稚拙な解釈であることが読者に分かってしまいますが、太宗を知る人が増えれば、それはそれで望外の喜びであります。

平成28年6月に大学時代の恩師である竹内良雄先生からのご教示で、『韓非子』をやろうと思い立って原稿を書いてお見せした際、次は『貞観政要』をやりましょう、といった軽口が実現する運びとなりましたのは、出版事情が極めて厳しい現状で、引き続きご快諾下さった東洋経済新報社の寺田浩氏、井坂康志氏の寛大なるご配慮があってこそです。改めて感謝を申し上げると共に、編集とデザインなどに関わって下さった多くの方々のお陰と厚く御礼を申し上げます。

また、私淑している文筆家の石山順也氏のアドバイスなしに本書は完成に至らなかったと深謝を申し上げます。

今から30年前に、竹内先生らと西安市内からポンコツバスで舗装されていない悪路を2時間近くかけて、太宗の息子である高宗の乾陵へ行ったことを今でも鮮明に覚えています。太宗の昭陵を通り過ぎる際、博物館はあるが、盗掘されていて何も見るべきものがないという、言い訳めいた案内役の中国人学生ガイドの説明もよく記憶しています。しかしながら本書を記しながら、「有終の美」を飾った太宗たちの眠る地へ既に心は旅した思いです。

平成30年1月

川﨑　享

貞観政要 参考文献

『上に立つ者の心得――「貞観政要」に学ぶ』(谷沢永一/渡部昇一　致知出版社　2008年)

『五島昇の帝王学――「貞観政要」で探る実力経営者の原点』(竹村健一　PHP研究所　1986年)

『隋唐帝国』(布目潮渢/栗原益男　講談社　1997年)

『政治を導く思想――「貞観政要」を読む』(安岡正篤　ディ・シー・エス　2001年)

『貞観政要』(呉兢/守屋洋(訳)　筑摩書房　2015年)

『「貞観政要」に学ぶ』(寺尾善雄　三笠書房　1986年)

『貞観政要に学ぶ道義の経営学――権謀術数を排し、王道を確立せよ』(布目潮渢　マネジメント社　1991年)

『「貞観政要」のリーダー学――守成は創業より難し』(守屋洋　プレジデント社　2005年)

『貞観政要を読む』(疋田啓佑　明徳出版社　2007年)

『貞観政要集校』(呉兢/謝保成　中華書局　2003年)

『新釈漢文大系　貞観政要　上下』(原田種成　明治書院　1978~79年)

『帝王学――「貞観政要」の読み方』(山本七平　日本経済新聞社　2001年)

著者紹介

竹内良雄（たけうち　よしお）

昭和20（1945）年8月、東京都生まれ。東京都立大学大学院中国文学科修士課程中退。慶應義塾大学、法政大学、学習院大学、中央大学等での非常勤講師、慶應義塾大学経済学部教授（中国語）を務め、慶應義塾大学名誉教授。

編著書に『ビジネスの武器として使える中国古典の名言至言ベスト100』（集英社、2013年）、『「史記」小事典』（共編、徳間書店、1988年）、『三国志ハンドブック』（編、三省堂、1998年）、『「韓非子」に学ぶリーダー哲学』（共著、東洋経済新報社、2017年）、共訳書に『史記Ⅵ』（徳間書店、1972年）、『十八史略Ⅱ』（徳間書店、1975年）、『三国志Ⅳ』（徳間書店、1979年）、『顔氏家訓』（徳間書店、1990年）、『離婚指南』（蘇童著、勉誠出版、2012年）、『アルグン川の右岸』（遅子建著、白水社、2014年）。

川﨑　享（かわさき　あつし）

昭和40（1965）年4月、東京都生まれ。慶應義塾大学経済学部卒業、ミシガン州立大学大学院史学修士課程修了（中国研究・国際政治）。

電機メーカー及びコンサルティング会社の役員を経て、平成25（2013）年5月より日本製造業の一業種一社による異業種集団であるNPS研究会を運営する株式会社エム・アイ・ピー代表取締役社長。

著書に『英国紳士 vs. 日本武士』（創英社／三省堂書店、2014年）、『英国の幻影』（創英社／三省堂書店、2015年）、『GENTLEMAN VS. SAMURAI』（第三企画出版、2017年）、共著書に『経営思想としてのNPS』（東洋経済新報社、2016年）、『「韓非子」に学ぶリーダー哲学』（東洋経済新報社、2017年）、編著書に『リーダーたる者の極意』（プレジデント社、2015年）、『NPSの神髄』（東洋経済新報社、2017年）、他。

『貞観政要』に学ぶリーダー哲学

2018年5月10日発行

著　者——竹内良雄・川﨑享
発行者——駒橋憲一
発行所——東洋経済新報社
〒103-8345　東京都中央区日本橋本石町1-2-1
電話=東洋経済コールセンター　03(5605)7021
http://toyokeizai.net/

装　丁…………アスラン編集スタジオ
ＤＴＰ…………アスラン編集スタジオ
編集協力………渡辺稔大
印刷・製本……藤原印刷
編集担当………井坂康志
Printed in Japan　ISBN 978-4-492-96138-4